Eva Jaeggi
Liebe, böse Schwiegermutter

Eva Jaeggi

Liebe, böse Schwiegermutter

Walter

Bibliografische Information der Deutschen Bibliothek

Die Deutsche Bibliothek verzeichnet diese Publikation in der Deutschen Nationalbibliografie; detaillierte bibliografische Daten sind im Internet über http://dnb.ddb.de abrufbar.

Druck und Bindung: Clausen & Bosse, Leck
ISBN 3-530-42203-7
www.patmos.de

Inhalt

Einleitung

Ist das Thema der »Schwiegermutter«, gar der »bösen Schwiegermutter« überhaupt noch relevant? Zwar gibt es – sucht man per Internet – über hundert Literaturangaben in der Belletristik, auch einiges an allgemeinen Untersuchungen über Schwiegermütter – aber allzu oft fündig wird man nicht.

Allerdings wird man doch aufmerksam, wenn man von Ruth Gall, einer »Schwiegermutter-Expertin«, liest, die in Augsburg eine Selbsthilfegruppe für Schwiegertöchter gründete, für die sich 15.000 Betroffene gemeldet haben. Solche Gruppen gibt es jetzt an verschiedenen Orten. Bald kamen auch Gruppen von Schwiegermüttern hinzu.

Auch wenn man in der Öffentlichkeit nicht viel davon hört – die Probleme sind offenbar da und manchmal auch sehr groß. Ruth Gall berichtet von Verleumdungen, Rufmorden, Sachbeschädigung (z. B. das Ausreißen der Pflanzen im Garten) bis hin zu schon als pathologisch anzusehenden Ängsten, man werde von der Schwiegertochter vergiftet. Klagen beim Jugendamt gehören auch in diese Kategorie.

Bei einer größeren Befragung (1425 Menschen) geschiedener Menschen gaben immerhin 7 % die Schwiegermutter als Scheidungsgrund an. Die Bezeichnungen, die Männern und Frauen als adäquat für ihre Schwiegermutter in den Sinn kamen, waren zwar oft auch freundlich, aber nicht immer schmeichelhaft. So nannten 11 % der Frauen und 7 % der Männer ihre Schwiegermutter einen »Besen«, 12 % der Frauen und 5 % der Männer sprachen von »Giftzahn«, 13 % der

Frauen von einer »Meckerziege« – nur 8% der Männer vergaben dieses nette Etikett; und auch vom Wort »Drachen« blieb die Schwiegermutter nicht verschont: 13% versus 6%. Der Rest verteilte sich dann auf freundliche Bezeichnungen: raue Schale – weicher Kern, Seele von Mensch, sonniges Gemüt, liebenswerte Frau – immerhin hatten noch 45% der Frauen auch freundliche Worte für die Schwiegermutter bereit und sogar 93% der Männer (Doppel-und Dreifachnennungen waren möglich).

Alles in allem sind es natürlich in hoch signifikantem Ausmaße die Frauen, die Probleme mit ihren Schwiegermüttern haben – und das ist ja auch immer wieder das Thema der Literatur aller Gattungen: Romane, Komödien, Tragödien.

Sucht man per Internet unter dem Stichwort »Schwiegermutter« literarische Werke, dann findet man zwar über hundert Angaben (Kindler-Literaturlexikon), aber wirklich an prominenter Stelle rangiert die Schwiegermutter sehr selten. Nur ein kleiner Prozentsatz (etwa 3%) ist übrigens dem Thema der »guten« Schwiegermutter gewidmet. Außerdem habe ich kein einziges Werk gefunden, bei dem es um die Schwiegermutter eines Mannes ging. Die schöne Literatur hat nur die böse Schwiegermutter der (meist sehr armen und schutzbedürftigen) Ehefrau im Blick. Besonders oft werden Schwiegermütter in nicht-westlichen Kulturen thematisiert.

Ein Drittel der Literaturangaben, die moderne Schwiegermutter-Probleme behandeln, stammt aus der Zeit nach 1945 – einer Zeit großer Umbrüche, auch für die Familien, wobei die Veränderungen der Familiensysteme literarisch zwar in den äußeren Umständen gespiegelt werden, aber die innere Dynamik doch ziemlich konstant-altmodisch bleibt: Eifersucht, Projektionen, Enttäuschungen, Übergriffe …

Die Großfamilie hat ausgedient, die Kleinfamilie kommt notfalls auch ohne die Schwiegermutter aus und daher ist sie auch nicht unbedingt Gegenstand literarischer Werke. Allenfalls als Großmutter ist sie gefragt – aber auch da ist es sehr oft die Mutter der Frau, die die Kinder versorgt, weil eben das Verhältnis Schwiegermutter–Schwiegertochter wohl oft belastet ist.

(Eine kleine Anekdote am Rande: In der alten japanischen Kultur starben die Kinder weniger oft im Kindesalter, wenn die Mutter der Frau im Haushalt lebte. War es die Mutter des Mannes, dann war die Todesrate genauso hoch, als wenn gar keine Großmutter dort gelebt hätte. Welche verborgenen aggressiven Teile diese Schwiegermütter dort wohl ausgelebt haben?)

Das Thema ist aber – alles in allem – nicht besonders öffentlichkeitsrelevant. Eher sind in etwas billigen Boulevardstücken Schwiegermutter-Witze Lachnummern für bescheidene Gemüter.

Arbeitet man als Psychotherapeutin, dann sieht die Sache aber doch anders aus. Nicht nur gibt es die bekannten Klagen über die Schwiegermütter – und zwar von beiden Seiten –, sowohl Schwiegermütter als auch Schwiegerkinder beklagen sich öfters und manchmal auch ausgiebig; es gibt vor allem auch die in einer Therapie immer klarer werdende Einsicht, wie sehr doch die Schwiegermutter in das Paarleben eingreift – auch wenn sie sich »raushält«, wie die meisten modernen Schwiegermütter behaupten. Oberflächlich betrachtet tun sie es auch. Sie sind aber durchaus präsent – in Gedanken, in den Gefühlen der Tochter oder des Sohnes, als Gegenpart, als Sündenbock, als schlechtes Gewissen und in manchen Fällen auch als eine hilfreiche zweite Hand vor allem bei der Kindererziehung.

Obwohl das Thema der Schwiegermutter ein sehr altes ist – auch in den Märchen dominiert die »böse« Stiefmutter (die ein Pendant zur Schwiegermutter sein soll) –, ist die Form, in der sich die innere Dynamik darstellt, in traditionellen und modernen Familien eine jeweils andere.

In traditionellen Familien, vor allem im ländlichen Bereich, ist das Zusammenleben hierarchisch geordnet. Meist haben die Schwiegertöchter einen ziemlich geringen Platz in dieser Hierarchie. Sie müssen (z. B. in türkischen Familien) den Männern als Erstes das Essen anbieten, sie unterstehen der Schwiegermutter ganz so, wie sie vor der Heirat der eigenen Familie ausgesetzt waren. Ihre Pflichten sind festgelegt und nicht selten werden sie ausgebeutet.

Besonders grausame Berichte gibt es aus Indien, wo die mehr oder weniger absichtliche Verbrennung von Schwiegertöchtern durch die Schwiegermutter lautstarken öffentlichen Protest noch im Jahr 1982 hervorrief. Der Mitgift wegen war es in manchen Familien nämlich opportun, sich der Schwiegertochter auf diese Weise zu entledigen, da der Ehemann dann neu heiraten durfte. Die Mutter des Sohnes nahm es auf sich, den (getarnten) Mord zu begehen, damit er nicht Schuld auf sich lade.

Im slawischen Kulturkreis verbrachte früher die Schwiegermutter die ersten Nächte mit dem jungen Paar und gab dann irgendwann die Erlaubnis zum intimen Beisammensein.

All dies ist in westlichen modernen Familien natürlich anders. Trotzdem ist das Thema der bösen Schwiegermutter nicht verschwunden. Man möchte meinen, mit der Trennung der Großfamilien, der Tatsache, dass auch Tagesmütter die Betreuung der Kleinkinder übernehmen können und dass in den meisten Familien keine finanzielle Abhängigkeit zwischen den Jungen und den Alten besteht, sollten auch die Reibungsflächen schwinden.

Vermutlich ist dies im Laufe der letzten 50 Jahre tatsächlich besser geworden, und wir hören auch immer wieder von guten und hilfsbereiten Schwiegermüttern bzw. Müttern. Probleme gibt es nach wie vor. Sie liegen nun nicht mehr in den alten und für die jungen Frauen ungerechten allgemein gültigen Regeln des Zusammenseins. Es gibt kaum noch Regeln. Die Probleme, die nun entstehen, sind die Probleme der Kleinfamilie mit ihren engen und oft allzu luftleeren Räumen des Miteinanders. Wenn Kinder zum viel umsorgten Lebensinhalt ihrer Eltern werden und den wenigen Nachkommen die ganz besondere Liebe vor allem der Mutter zukommt, dann entstehen oft die häufig beklagten ungesunden Verhältnisse zwischen Eltern und Kindern: psychische Abhängigkeit, sublime Manipulation auf beiden Seiten, Einforderungen von Dankbarkeit, Parentifizierung u. Ä. Kinder werden aufgeladen mit vielerlei Hoffnungen; was in kinderreichen Familien sich sozusagen »verteilt«, wird oft auf ein oder zwei Kinder »abgeladen«: Sie sollen so schön und begabt und liebevoll und erfolgreich sein, wie die Eltern es vielleicht nie waren, aber nun in ihren wenigen Sprösslingen erhoffen. In der Erweiterung der Familie um Schwieger-Freundin/Freund und Schwiegertochter/Sohn können sich – gerade weil klare Regeln fehlen – viele Projektionen aufbauen. Erwartungen werden enttäuscht; aus kleinen Bemerkungen wird gleich ein ganzes Panorama an Persönlichkeitseigenschaften entworfen (»Ich habe gleich gesehen: Die ist hart«; »Mein erster Eindruck stimmt: Er ist einfach ein Langweiler« etc.), und wenn man einmal auf dem eingeschlagenen Weg ist, ist es einfacher, sich mit den darauf folgenden Clichés einzurichten, als näher und präziser zu beobachten. Das gilt natürlich für beide Seiten. Es müssen nicht die großen Themen sein, die sich eindrängen in den Familienfrieden. In Fontanes Worten: »Kein Donnerwetter, nur kleine Worte mit dem Giftgehalt eines kleinen Mückenstichs oder aber Schweigen, Stummheit, Muffeln. Oder große Wasser«.

Eine Verwandte erzählte mir, sie habe mit der Schwiegermutter ihres Sohnes am Strand gesessen, als die Schwiegertochter im Badeanzug vorbeilief – eine nett aussehende, schlanke, junge Frau. »Mein Gott«, sagte die Mutter dieser Tochter zu meiner Verwandten mit mütterlichem Stolz, »wenn ich meine Tochter so ansehe: Sie hätte einen Prinzen haben können.« (Der Sohn meiner Verwandten war immerhin ein junger promovierter Politologe mit beginnender Karriere als Bankbeamter.) Man kann sich unschwer ausrechnen, was über die »Mesalliance« in dieser Familie sonst noch gesagt wurde. Meine Verwandte knirschte innerlich mit den Zähnen und rächte sich durch Weitererzählen. Auch dies trug nicht gerade zum Familienglück bei.

Verflochtene Probleme

In der Problematik von Schwiegermüttern (es können manchmal auch Schwiegerväter sein) zeigt sich also oft wie unter einem Vergrößerungsglas das Panorama moderner Familien mit ihren unterschiedlichen und typischen Problemen, aber auch mit ihren neuen Möglichkeiten. In dem Maße nämlich, in dem festgezogene Rollen sich aufweichen, fallen auch schmerzlich enge und verkrustete Verhaltensformen weg. Wenn die Schwiegertochter nicht mehr damit rechnen muss, ihrer Schwiegermutter zu dienen und die unterste Stufe in der Familienhierarchie einzunehmen, werden natürlich ihre Möglichkeiten sehr viel größer – aber auch unsicherer. Nun müssen vielfältige Hürden überwunden werden. In eine neue Familie integriert zu werden ist nicht immer leicht. Nicht mehr die Erfüllung äußerer Gebote ist erforderlich – es gibt keinen Verhaltenscodex für Schwiegertöchter und Schwiegermütter. Es sind vielmehr die inneren Haltungen, subtile Einstellungen, die sich in kleinen Gesten zeigen oder in bestimmten Worten.

Drei Problemkreise kann man festhalten, die anzeigen, ob eine Familie (Halbfamilie, Patchworkfamilie) es mit den »Neuankömmlingen« leichter oder schwerer haben wird.

Da ist zum einen etwas, was man mit »Stil« oder – moderner – mit »Milieu« bezeichnen kann. Das Zweite ist die dominante »Werthaltung« einer Familie und das Dritte erst ist dann die »individuelle Problematik«.

Diese drei Kreise verflechten sich oft und machen das Ankommen in einer neuen Familienwelt schwierig, Unterschiede sind aber auch für die jeweils aufnehmende Familie oft nicht leicht zu überwinden, wenn die familiären Differenzen in Bezug auf diese drei Problemkreise allzu groß sind.

Was ist damit gemeint?

Der »Stil« oder das »Milieu«

Noch im 19. Jh. gab es einen fast identischen Stil in jeweils recht genau zu definierenden Gesellschaftsschichten. Er wurde bestimmt durch Einkommen, gesellschaftliches Prestige und Bildung.

Dazu gehörten zum Beispiel im bürgerlichen Wohnzimmer des 19. Jh. das Klavier, die großen Blumenvasen und einige weiche Sitzgruppen mit orientalischen Dekorstoffen. Und natürlich wusste man, wie viel Trinkgeld das Dienstpersonal zu erwarten hatte, wenn man eingeladen war. Die Tischordnung stand fest, die Speisenfolge war wenig variabel.

Der Stil (oder das Milieu, wie Soziologen dies nun manchmal nennen) hängt heutzutage nicht nur von diesen Basisvariablen Einkommen und Bildung ab. Es gibt feinere Unterscheidungen, die mit einer Form von Lebenskunst, von Konsumpräferenzen und dominantem Geschmack zu tun haben. Wenngleich man in vielen Schichten nicht mehr sklavisch an Formen gebunden ist, so schlagen sie eben doch durch.

Es gibt zum Beispiel »Milieus«, da hat man auf keinen Fall eine Tapete, die die Sonnenblumen von van Gogh zeigen. Oder: In manchen Milieus trinkt man vor einem gepflegten Essen einen Aperitif. In einem anderen Milieu liegen zwar Futons am Boden und die sehr hochwertigen Bücher stehen auf einem Backsteinbüchergestell, aber man unterhält sich über Bourdieu und Habermas. Die Couchgarnitur mit Schrankwand stellt ebenso ein schichtbezogenes Milieucharakteristikum dar wie die blau-weißen Dauerwellen-Löckchen der alten Dame. Aber nicht alles ist wirklich genau einzuordnen.

Der zukünftige Schwiegersohn ist tätowiert? War das jugendlicher Trotz gegen die Familie oder findet man das dort schick? Die Schwiegermutter trägt meist Kaschmirkostüme, und zwar Ton in Ton: Ist sie eine fade Gesellschaftsdame oder lässt sie es sich einfach gut gehen in Bezug auf Kleidung, die so angenehm dem Körper schmeichelt? Ganz sicher kann man nicht sein.

Die Familie in ihrer traditionellen Form wurde schon öfters totgesagt. Je nach Zeitgeist favorisierte man Gegenmodelle: die Wohngemeinschaft, die Patchworkfamilie, die Großfamilie. Eingeschlossen waren auch differierende Ehemodelle: offene Ehen, Treue, Lebenspartnerschaften auf Zeit u. Ä. Keines dieser Modelle ist wirklich dominant geworden, obwohl alle noch existieren. Manche tragen sehr stark den Stempel einer bestimmten Zeit, so zum Beispiel die Wohngemeinschaft von Erwachsenen mit Kindern den Stempel der 68er-Jahre. Ab und zu findet man sie noch, aber es sieht so aus, als hätte sich dieses Modell nicht bewährt. Anderes ist bereits Notwendigkeit geworden, nämlich etwa die Patchworkfamilie und damit auch die Lebenspartnerschaft auf Zeit: Kinder verschiedener Eltern, zusammenlebend, aufgeteilt nach Wochenenden und Schultagen oder auch mit anderen Aufteilungen – 14 Tage bei Mutter, 14 Tage bei Vater –, alles muss gehen, kann auch zwischenzeitlich wiederum umgedreht werden und verlangt von den Familienmitgliedern recht viel Flexibilität und neue Ausrichtungen. Trotz allem: Ein Urmodell von Familie, Kinder und Erwachsene, die miteinander verwandt sind und zusammenleben, schlägt fast immer durch. Deshalb konnten Berger und Berger schon vor 20 Jahren trotz des damals »totgesagten« bürgerlichen Familienmodells sagen: Die Alternative zur Familie ist die Familie. Damit aber ist aber auch etwas anderes mitgegeben: Wenn sich eine Gruppe von Erwachsenen und

Kindern als Familie betrachtet, dann entwickelt sie eben oft einen bestimmten »Familienstil«. Und dieser Stil kann sehr eng und bindend sein, gerade weil es nicht mehr sehr viel allgemein verbindende Familienordnungen gibt. Familien entwickeln ihren »Privatstil« – und da ist es eben gar nicht so leicht, etwas »Andersartiges« hineinzulassen.

Er kann auch darin bestehen, dass man großen Wert auf Ästhetik legt und alle Welt danach beurteilt, ob sie auch modernsten Trends der Designerwelt folgt. Natürlich kann die Ästhetik auch anderes betreffen: modische Kleidung oder gerade eine gewissen Nachlässigkeit in der Kleidung oder eine besondere Wertschätzung von Antiquitäten.

Zwar wird auch in diesen äußeren Kennzeichen viel durcheinander gewirbelt, aber es lassen sich doch »Typen« ausmachen. Diese äußeren Kennzeichen können schon einmal eine erste Trennwand darstellen. Schon hier können Vorurteile entstehen, die das Verhältnis belasten. »Sie haben eine weiße Ledercouch und eine rosa Innenbeleuchtung«, sagte die Tochter ihrer gespannt wartenden Familie mit unbewegtem Gesicht nach dem ersten Besuch bei den zukünftigen Schwiegereltern, die sehr wohlhabend waren. Alle lachten los. Das genügte: Man konnte also diese Schwiegerfamilie (wenn es denn wirklich eine würde! – hoffentlich nicht!) nicht ernsthaft in Betracht ziehen. Es sind subtile Kennzeichen, die nicht nur etwas mit dem Einkommen zu tun haben.

»Spießig« war das am meisten gebrauchte Wort in einer Familie in meinem Bekanntenkreis. Damit wurde alles bezeichnet, was nicht dem hohen Geschmacksideal in Bezug auf Kleidung und Einrichtung dieser Familie entsprach. Man saß auf Thonet-Stühlen oder lehnte sich im schönen Eames-Sessel zurück. Der Fernseher entsprach dem besonders formschönen Modell von Bang & Olufsen, und wenn man sich auch nicht unbedingt Designer-Kleidung leistete: Bei *ebay* war auch da Abhilfe zu schaffen. Der neue Schwiegersohn aber war beileibe nicht »spießig«, er war ein sehr kluger Mann mit einem großen Verständnis für Musik, war begeisterter Jazz-Kenner und Opernfan, aber seine Kleidung war eher nichtssagend, die Blumen, die er beim ersten Besuch tatsächlich seiner neuen »Schwiegermutter« (würde sie es wirklich werden? – so klar war dies nicht) mitbrachte, waren ganz offensichtlich im Supermarkt gekauft und steckten in einer gezackten Papiermanschette, und so stand das Urteil vor allem der Schwiegermutter schnell fest: »Spießig«. Die Tochter spürte all dies sofort und brauchte ein volles Jahr, bevor sie den Freund, mit dem sie gerade zusammengezogen war, wieder nach Hause brachte. Sie wusste selbst nicht so ganz genau, was sie davon abgehalten hatte. »Sie passen irgendwie nicht zusammen«, meinte sie nur, da ihr die sehr feste Fixierung ihrer Familie auf eine bestimmte Ästhetik gar nicht bewusst war, obwohl sie selbst sich davon eigentlich schon seit längerem gelöst hatte.

Die dominante Wertdimension

Eine zweite, sehr viel subtilere Trennwand kann die unbewusste und unbemerkte Wertdimension sein, die ein Familiensystem kennzeichnet. Familien entwickeln neben ihrem Stil auch noch eigene Wertdimensionen. Diese Wertdimension betrifft tief gehendere Empfindungen als der »Stil«, der sich viel eher an Äußerlichkeiten festmacht. Man lebt nach einer Wertdimension, man geht mit moralischen Kategorien an die Verletzung solcher Werte heran und kann es einem Familienmitglied sehr verübeln, wenn es solche Werte verletzt.

Meist gibt es irgendeinen Wert, der die anderen dominiert. »Charmant und liebenswürdig sein« kann ein solcher Wert sein. Natürlich heißt das nicht, dass man nicht auch andere Dinge als wichtig betrachtet. Aber Charme und Liebenswürdigkeit werden sofort (als fehlend oder auffällig) benannt, wenn man in eine neue Familie hineinkommt. Man lebt diesen Wert auch sehr genau nach.

»Soziales Empfinden« kann eine andere Wertdimension sein. Man sieht dann an einer anderen Familie sehr genau, dass die sich nicht interessiert für andere Menschen, nicht problemlos Freunde und Freunde von Freunden formlos zum Mittagessen einlädt. Solche sozialen Familien hingegen sind immer für andere »da«, vor allem wenn es diesen schlecht geht. Meist haben sie einen großen Freundeskreis.

Eine andere Familie mag es als hohen Wert ansehen (und danach leben), dass Anstandsregeln und Formen gewahrt werden; auch die Teilnahme am politischen Leben oder an allen Bestrebungen der modernen Kunst und deren Förderung kann sich als wichtigste Dimensionen des Familienlebens herausschälen.

Natürlich sind nicht alle Kinder immer gewillt, diesen Werten nachzuleben. Unter Umständen hat dann ein Partner, eine Partnerin gerade darin ihren Wert, dass er oder sie so »ganz anders« ist. Das kann dann eben schon auf dieser Ebene zu Familienproblemen führen, denn die Familie findet solche Abweichungen meist gar nicht gut. Häufig ist das bewusste Absetzen eines Menschen von den familiären Werten nicht ganz 100-prozentig gelungen. Unbemerkt hängt man doch daran und irgendwann zeigt sich, dass man eben doch ein gewisses Unverständnis zeigt für die so anders geartete Dimension, in der die Partnerin (der Partner) lebt. Intolerante Familien müssen da nur ein wenig zurückzucken, die Augenbrauen heben, kleine Bemerkungen fallen lassen, und man kann – trotz heftig geäußerten Protests – nicht mehr leugnen, dass eben am Partner doch etwas »fehlt«.

In manchen Familien wiederum herrscht das Politische vor. Sich dafür nicht zu interessieren, erscheint als verantwortungslos. Dass Erika, die neue Schwiegertochter, nicht wusste, unter welchen Umständen der Irak-Krieg angezettelt worden war und dass der Vater von G. W. Bush dasselbe auch schon mal versucht hatte, schockierte ihre zukünftige Schwiegerfamilie zutiefst. Dort gab es morgens, mittags und abends kaum Gespräche ohne Politik, man las 2–3 Zeitungen, verglich die Nachrichten und informierte sich im Internet auch über die Auslandspresse. Da der Schwiegervater ein Frühpensionär war, hatte er auch genügend Zeit. Seine Frau und seine Söhne (mit Ausnahme des zukünftigen Ehemannes von Erika) waren in einer Partei tätig und tauschten dauernd Informationen aus. Es galt einfach als »dumm und verantwortungslos«, wenn man sich um derlei nicht kümmerte oder gar, wie Erika, ganz achtlos sagte: »Politik interessiert mich nicht, die machen doch sowieso, was sie wollen…« Erika haftete nach diesem Ausspruch das Flair einer dummen, typisch weiblichen Zicke an, und man wusste mit ihr nichts mehr anzufangen. Die Schwiegermutter – um zu demonstrieren, wie bodenlos öde sie Erika fand – besprach mit ihr nun nichts anderes mehr als Haushaltsfragen. Erika, eine naturwissenschaftlich sehr beschlagene und interessierte Medizinisch-technische Assistentin, hätte anderes beisteuern können – aber das Familienklima war nicht dazu angetan, sich mit Detailfragen der Pharmazeutik (Erika arbeitet in einem großen Pharmaziekonzern) zu befassen. »Pharmaziekonzern« war nichts als ein Reizwort für die Familie, weil man überzeugt war (und dies mit vielen Statistiken und Politikerreden untermauerte), dass diese Konzerne nichts als gewissenlose Ausbeuter auf Kosten der Gesundheit der Menschen waren. Also schwieg Erika und war jedes Mal heilfroh, wenn sie einen der Pflichtbesuche beendet hatte.

Das Abtasten der Dimensionen, die dem anderen jeweils wichtig sind, ist daher eine der Aufgaben, wenn zwei Familiensysteme mit ihren Wertordnungen aufeinander treffen. Sind sie wirklich unvereinbar oder kann der eine vom anderen profitieren? Daran erweist sich Gelingen oder Scheitern von Beziehungen schon sehr bald.

Die individuelle Biografie

Die am schwersten zu durchstoßende Trennwand aber hängt mit der eigenen, ganz individuellen Biografie zusammen. Welche Mutter hatte man? Welches Mutterbild dominiert? Ist sie eine Idealfigur? Ist sie klammernd und wenig einsichtsvoll in die eigenen Bedürfnisse? Und: Heißt das, dass die neue »Mutter« (auch wenn sie nun mit Vornamen genannt wird) genau so sein muss wie die eigene? Oder soll sie gerade »ganz anders« sein? Hat man überhaupt Sehnsucht nach einer Mutter? Will man nicht lieber alle Mütter der Welt abschaffen?

Aber nicht nur die eigene Biografie ist es, die hier durchstoßen werden muss: Es ist natürlich auch die des Partners. Die Schwierigkeiten des »Muttersöhnchens« sind bekannt und schon sehr oft dokumentiert worden. Aber natürlich ist dies nicht die einzige Konstellation, mit der man sich als Schwiegertochter (Schwiegersohn) auseinander setzen muss. Es gibt übrigens auch das Pendant zum Muttersöhnchen in Form einer allzu gehorsamen Tochter, die eben auch ihr Leben weiterhin mehr mit der Mutter als mit dem Partner verbringt. Tägliche Anrufe, Entgegennahme von üppigen Geldgeschenken oder für den täglichen Gebrauch bestimmten Gegenständen – all das kann eine Ehebeziehung ebenso stören, wie es beim Muttersöhnchen der Fall ist.

Auch wenn Sohn oder Tochter sich für die eigene Mutter »schämen«, kann es unangenehm sein. Vielleicht findet man zwar die andere Mutter wirklich ein wenig seltsam – aber man wird eventuell unsicher ob der Grobheit, mit der er (sie) diese Mutter abtut. Wird man selbst einmal auch so behandelt werden? Muss man die Schwiegermutter schützen, wo man doch selbst seine Vorbehalte hat?

Eine andere Konstellation wäre die des äußerlich angepassten Sohnes, der aber seine Mutter fürchtet und nun jede

Gelegenheit ergreift, sie an die Partnerin »abzuschieben«. Eine junge Frau beklagte sich bei mir in dieser Art: »Er weiß mit der Mutter nichts anzufangen. Wenn sie bei uns ist – was ein wenig zu oft passiert –, dann sagt er immer zuckersüß: ›Ihr Frauen habt sicher viel miteinander zu besprechen‹ – und schon sitzen wir grauenvoll langweilige Stunden in einem Kaffeehaus mit Musik ab. Ich weiß mit ihr ebenso wenig anzufangen wie er – aber ich muss das ausbaden. Der Samstag ist dann für mich gelaufen und dabei habe ich genauso viel zu erledigen wie er.«

Wenn Kinder kommen, verändert sich das ganze Gefüge allerdings oft sehr drastisch. Die vielen babysittenden Großmütter sehen nun über vieles hinweg, aber auch Kinder und Schwiegerkinder sind so dankbar, dass sie an der Mutter (Schwiegermutter) vieles übersehen, was vorher genervt hat. Es sind nicht nur einfach die Erleichterung der Arbeit, die Ermöglichung der Berufstätigkeit, die eine Rolle spielen. Es ist das Glück zu sehen, dass hier Verantwortung geteilt wird, dass die Großmutter eben die Enkelkinder wirklich liebt und nicht nur versorgt. Demgegenüber fallen viele andere Differenzen oft weg. Es können sich natürlich neue auftun, aber meist sind die babysittenden Großeltern unersetzlich – wenn sie denn dazu bereit sind. Auch da kann es Enttäuschungen geben, was dann wieder zu neuen Frustrationen führt.

Die Konkurrenz zwischen den beiden Müttern ist manchmal ebenfalls ein Problem: »Wie soll ich an Susanne herankommen: Die hat so viel Zeit und ich bin berufstätig – da kann es mir ja nicht gelingen, zu meinen Enkelkindern Kontakt aufzubauen«, lautete die Klage einer Großmutter, die als Ärztin noch immer eine volle Praxis hatte. Ich fand, dass sie dies durchaus hätte tun können, denn das Wochenende waren allemal frei, und die Zwillinge waren sehr anstrengend und für die andere Großmutter alleine fast zu viel an Arbeit.

So verflechten sich also die Probleme des Gesamtsystems

Familie mit seinen Wertordnungen mit den individuellen Beziehungskonstellationen, mit den Wünschen, den Projektionen und deren Abwehr.

Kleiner Exkurs: Die Schwiegermutter in der Literatur

Nicht nur im wahren Leben, sondern auch in der Literatur finden wir eine Reihe von recht unterschiedlichen Konstellationen.

Sehr oft war es bis ins Ende des 19. Jh. hinein die finanzielle Ungleichheit, die eine Schwiegermutter nicht ruhen noch rasten ließ, bis der Sohn von einer geliebten, aber armen Frau Abstand nahm. Manches Familienglück zerbrach daran – wie wir es eben auch im Roman feststellen können.

Zwar ist *Frau Jenny Treibel* im gleichnamigen Fontane-Roman noch nicht bis zur Schwiegermutter-Würde gelangt, aber sie ist so sehr Prototyp einer bestimmten Zeit, dass sie für sehr viele Schwiegermütter des voll entwickelten bürgerlichen Zeitalters stehen kann.

Selbst aus einfacheren Verhältnissen stammend, ist es ihr dank Intelligenz, Charme und Schönheit gelungen, einen reichen Industriellen für sich zu gewinnen. Sie steht einem großen Haus vor, gibt gut gelungene Gesellschaften und hat fest vor, ihren jüngeren Sohn möglichst gut zu verheiraten. Mit dem anderen ist ihr dies schon gelungen, sie denkt sogar an die Schwester der Schwiegertochter.

Ein sentimentales Verhältnis bindet sie an einen alten Jugendfreund, einen mittellosen Gymnasialprofessor, der ihr Bedürfnis nach dem »Höheren« befriedigt. Dieser hat eine sehr gescheite und hübsche Tochter, die von Jenny ebenfalls mit Komplimenten und mütterlicher Zuneigung bedacht wird. Dies geht aber nur so lange gut, bis sie merkt, dass ihr Sohn, ein etwas weichlicher und nicht sehr kluger Junge, sich in dieses Mädchen – klug, hübsch, aber arm – verliebt. Dieses Mädchen – Corinna – versucht nun, den jungen Mann für sich zu gewinnen; ganz ernst ist es ihr nicht, aber irgendwie reizt es sie doch, den finanziell beengten Verhältnissen entfliehen zu können. Jenny, die sich bis dahin in schwärmerischer Art für Corinna interessiert hat, zeigt nun ihr wahres Gesicht: Alle Sentimentalität verblasst, der nackte Materialismus kommt hervor und sie tut alles, um ihren Sohn zu erpressen und Corinna kaltzustellen. Da Corinna die ganze Sache nie so ganz ernst genommen hat und ein »passender« Freund, ihr Vetter, sowieso auf sie wartet, endet das Ganze nicht tragisch.

Dass die Schwiegertochter zu arm ist für die Ambitionen der Schwiegermutter, ist auch der Inhalt von *Anna Bäbi Joweger* von Jeremias Gotthelf. Anna Bäbi versucht mit allen Mitteln, den verweichlichten Sohn davon abzuhalten, ein armes Mädchen, in das er verliebt ist, zu heiraten. Als er seinen Willen durchsetzt, nimmt sie den Kampf mit der ungeliebten Schwiegertochter auf und bereitet ihr schwierige Zeiten. Meieli, die Schwiegertochter, aber ist nicht nur sehr attraktiv, sie ist auch freundlich und folgsam, arbeitet nach der Schwiegermutter Willen und so wird sie schließlich Siegerin.

Das Thema der Schwiegertochter, die arm, gut und vom Sohn geliebt ist (die Nebenbuhlerin ist meist reich und unangenehm), gibt es in vielen Variationen. Bei *Hermann und Dorothea* (Goethe) ist es dann die Schwiegermutter, die – im Gegensatz zum Vater, der eine reiche Schwiegertochter für den Sohn ausgeguckt hat – das arme, aber schöne und charaktervolle Mädchen sofort aufnimmt und auch vor dem Ehemann schützt. Hermann, ein noch reichlich unentwickeltes Muttersöhnchen, hilft armen Flüchtlingen (das Epos spielt in der Zeit der Französischen Revolution), wobei er Dorothea, eine kraftvolle Figur, kennen und auf den ersten Blick lieben lernt. »Die oder keine«, so lautet sein trotziges Aufbegehren. Die Eltern wollen, dass er die reiche Nachbarstochter heiratet. Diese aber hat ihm mit Spott und Verachtung schon übel mitgespielt, weshalb er sich mit doppeltem Elan durchzusetzen versucht. Als die Mutter merkt, wie ernst es ihm ist, vermittelt sie und unterstützt seinen Wunsch. Der Vater gibt schließlich nach und das Paar bekommt seinen Segen, wodurch auch Hermann in seiner Entwicklung als Mann vorankommt.

Eine sehr andersartige Geschichte zwischen Schwiegermutter und Schwiegertochter finden wir in einer Komödie des modernen indischen Autors Tanik Kutittanam *(Der eigene Haushalt).* Ein Sohn will unbedingt, dass seine junge Frau mit seiner Mutter Streit anfängt, weil ihm dies ermöglichen würde, aus dem Haus der Eltern auszuziehen. Die beiden Frauen verstehen sich aber so gut, dass sein Plan misslingt.

Meist aber versucht in der Literatur die Schwiegermutter, die Frau des Sohnes auszustechen und dem Sohn damit klarzumachen, dass seine Frau nie die Qualität der eigenen Mutter haben wird, so etwa in Honoré de Balzacs Erzählung *Kleine Nöte des Ehelebens:* Die Ehefrau – selbst ein problematisches Wesen – wird von der Schwiegermutter in solch bösartiger Weise diffamiert, dass auch der Ehemann schließlich der Meinung ist, er habe eine dumme und vulgäre Person geheiratet. Da aber auch die Ehefrau selbst viele Fehler macht, wird ihr erst nach langen Leidensjahren klar, dass sie der Schwiegermutter gegenüber mehr Duldsamkeit an den Tag legen muss, um ihren ehelichen Frieden zu wahren.

Eher in den unteren Rängen der Literatur angesiedelt ist eine moderne Variation des Themas. *Die Schwiegertochter* von Philippa Gregory (engl.: *Little house*) schildert einen besonders bösartigen Typ Schwiegermutter, die ihren Einfluss auf den Sohn schamlos ausnützt, um in erpresserischer Weise die Schwiegertochter zu entmachten. Modern ist allerdings nur das Dekor – die Thematik sowie auch die Durchführung muten denn doch etwas altbacken an. Ruth ist eine beruflich erfolgreiche Frau, die beim Radio arbeitet, die Schwiegermutter eine perfekte Hausfrau. In übergriffiger Weise entwirft sie dauernd Lebensentwürfe für das junge Paar, wobei der weichliche Sohn sich nur allzu gerne auf seine Mutter verlässt. Obwohl Ruth nicht aufs Land ziehen will, wird ein Haus in der Nähe der Schwiegereltern gekauft, der Haushalt gleich mitversorgt, und als ein Baby kommt, übernimmt die Schwiegermutter auch gleich die Versorgung des kleinen Enkels. Nach und nach entzieht sie der Schwiegertochter jede Autorität, sodass auch das Kind sich von der Mutter abwendet. Ruth gerät in große psychische Schwierigkeiten, was der Schwiegermutter noch mehr Macht verleiht. Sie wirkt schließlich darauf hin, dass die Schwiegertochter interniert wird. Durch therapeutische Hilfe wird sie aber so weit gesund, dass sie recht ungewöhnlich handelt: Sie bringt auf raffinierte Weise ihre Schwiegermuter um – eine Tat, die nie entdeckt wird und daher unbestraft bleibt. Sie gewinnt durch diese ungewöhnliche Tat an Selbstbewusstsein und nimmt ihr Leben selbst in die Hand. Dieses drollige Szenario hebt den Roman dann doch aus der Flut von sonstiger Trivialliteratur hinaus. Er ist übrigens einer der wenigen Romane, wo das Verhältnis Schwiegertochter–Schwiegermutter das dominierende Thema ist und nicht nur nebenher eine Rolle spielt.

Die Schwiegermutter ist in der Literatur zwar nicht oft das Hauptthema, ist sie es aber doch, dann dominiert die »böse« Schwiegermutter mit einer ungeliebten Schwiegertochter.

Das Fremde kommt in die Familie

Wie aber gehen Familien damit um, wenn in ihre Familie nun ein etwas anderer Lebensstil Einzug hält? Wie kann man sich damit arrangieren, dass der neue Schwiegersohn dauernd raucht und dicke Schweineschnitzel bevorzugt, wo man doch selbst sehr großen Wert legt auf Gesundheit und daher meist Bio-Kost zu sich nimmt? Aber auch die Ayurveda-Spezialistin, die man da als neue Schwiegertochter akzeptieren soll, erscheint einem als Spaßverderberin, wenn man sich gerade solch einen schönen Rinder-Schmorbraten mit Rotwein gönnt.

Natürlich sind es auch die Schwiegerväter, die da maulen können und ihre Witze machen über die dünne Bohnenstange, die man mit der vegetarischen Freundin des Sohnes ins Haus gebracht bekommt. Aber es sind dann doch sehr viel eher die Frauen, die die Sensibilität für nicht Übereinstimmendes im familiären System stärker spüren, daraufhin ausgerichtet sind, die Unstimmigkeiten als lästig zu empfinden oder eben – natürlich gibt es auch das – als eine Bereicherung anzusehen.

Es gibt Familien, die ihre Eigenart sehr stark verteidigen: »Zentripetal« hat Helm Stierlin einmal solche Familien genannt. Sie wollen nichts Fremdes hineinlassen in ihr System, die »anderen« sind nicht nur »anders«, sondern auch weniger wertvoll. »Wir waren immer etwas Besonderes«, sagte mir einmal eine Patientin über ihre sehr große Familie. Ich fragte sie, worin denn diese Besonderheit bestanden habe. Sie fing an zu stottern und dann zu lachen: »Eigentlich in gar nichts – wir hatten nur alle immer so ein Gefühl…«, und sie begann etliche Anekdoten zu erzählen, die dies bestätigten. Wenn die Nachbarsfrau zum Beispiel erzählte, dass sie nie zu Mittag eine warme Mahlzeit essen würden, sondern nur am Abend, dann kommentierte ihre Mutter dies etwa immer mit: »Die armen Kinder.« Meine Patientin hatte natürlich auch immer das Gefühl, dass in ihrer Familie, wo man mittags warm und abends kalt aß, die Kinder privilegiert seien. Ich musste gar nicht viel sagen – sie lachte einfach los über diese Absurditäten, nachdem sie ihre eigenen Familienideologien einmal losgeworden war.

Stierlin, der Familientherapeut, hat aber auch einen anderen Familientyp entdeckt. Er nennt ihn »zentrifugal« – dies wäre also der Gegentyp. Es sind Familien, in denen die Individualitäten der Familienmitglieder wichtiger sind als die Gemeinsamkeiten, wo also die einzelnen Familienmitglieder ihre eigenen Wege gehen und sich daher so etwas wie ein gemeinsamer »Stil« gar nicht so recht entwickelt. Die einzelnen Familienmitglieder treffen sich sozusagen nur unter einem Dach, ohne dass sehr viel Verbindendes da ist. Diese Einteilung in »zentripetale« und »zentrifugale« Familien hat nichts damit zu tun, ob viel oder wenig gestritten wird. Auch der Streit kann zusammenhaltend und »stilbildend« sein. Es gibt einfach bei den zentrifugalen Familien ein loseres Zusammengehörigkeitsgefühl; alles was »draußen« ist, ist wichtiger oder interessanter, und das kann, in gut funktionierenden Familieneinheiten, auch dazu führen, dass man sehr unterschiedliche Menschen problemlos in die eigene Familie einführen kann.

Manchmal bricht einer aus einer »zentripetalen« Familie radikal aus – das ist meist eine Katastrophe für die Familie. Er (oder sie) wird dann als Sündenbock gebrandmarkt. Dies muss nicht krass als wirkliche »Verdammung« passieren – solche offiziellen »Verstoßungen« gibt es heute nur mehr selten. Es sind eher subtile Dinge, die dem Ausgebrochenen signalisieren: »Du hast den Familiencode verletzt.« Diese Verletzung kann schon darin bestehen, dass man nicht mehr im selben Ort wohnen will, also zum Beispiel vom Dorf in die Großstadt zieht und die Wonnen der Großstadt allzu ausgiebig lobt und auch klarmacht, dass man nie mehr zurück möchte in diese Enge ... Die vehemente Verleugnung der Konsumwelt (indem man in einen Bauernhof mit Ofenheizung zieht und Schafe züchtet) kann die äußerst kulturbeflissene Familie mit Opernabonnement natürlich auch ratlos machen.

Natürlich ist auch die (der) »Fremde« von einem eigenen Familienstil geprägt. Er (sie) kann als Revolutionär dieses Stils auftreten oder als williger Erfüllungsgehilfe. Die »andere« Familie kann als (gehasste) Fortsetzung gesehen werden, als angenehm ähnlich oder eben als eine endlich erreichbare

Idealfamilie. All dies ergibt sehr neuartige Beziehungskonstellationen. Es ergibt auch unter Umständen Ansprüche, die man nicht erfüllen will: eine fremde Frau als »Mutter« empfinden? Auch wenn man heutzutage meist nicht mehr zur Mutter der Partnerin oder des Partners »Mutter« sagt: die Position ist eben doch die einer Mutter. Auch davon gibt es Ausnahmen, zum Beispiel dann, wenn der Altersunterschied zwischen den Partnern sehr groß ist. Dann kann es vorkommen, dass die Schwiegermutter (fast immer ist es die Mutter der Frau) zur gleichen Generation wie der Ehemann gehört. Dies ist für alle Teile nicht ganz einfach und gehört in ein besonderes Schwiegermutter-Kapitel. Ist die Schwiegermutter dann eine Komplizin in der Generation? Ist sie eine Freundin? Ist es peinlich, wenn man im Restaurant gefragt wird, was »die Frau Gemahlin« wünscht und was das Töchterlein? All dies kommt vor und bedarf eines großen Taktgefühls, um gut gemanagt zu werden. Viele Mütter sind nicht gerade beglückt, wenn die Tochter sich mit einem Mann verbindet, der 20 oder 25 Jahre älter ist. Die Mutter kann sogar eine Spur Ärger darüber empfinden, dass nicht sie selbst die Erwählte ist. Da solche schon betagteren Männer ja auch einen eigenen, sehr festen Hintergrund haben, häufig auch eine feste und gute Position im Leben, kann eines der »Schwiegermutter-Gefühle« kaum auftauchen: nämlich das Gefühl, man wisse es ja doch besser, man könne den Jungen vielleicht doch noch Nachhilfe-Unterricht im Leben erteilen. Hier ist der »Fremde« dann oft besonders fehl am Platz, weil er keine klare Rollenposition einnimmt.

Schwiegermütterliche Ratschläge

Mit den Ratschlägen der Älteren an die Jüngeren ist es heutzutage eine schwierige Sache. Die eigene Erfahrungswelt ist in ungemein raschen Zeitabläufen veraltet, die Szenen wechseln sehr schnell. Wurde man gestern noch darüber belehrt, dass die Familie als solche überholt sei, wird 10 Jahre später das bürgerliche Familienmodell wieder abgerufen, allerdings versehen mit vielen Fragezeichen. War man in der Pubertät der eigenen Kinder schon besorgt, wenn diese allzu lange daheim blieben und nicht, wie die anderen, dauernd »auf Achse« waren, so kann sich dies schon kurze Zeit später wieder verändert haben, weil plötzlich Familienfeste und Verwandtschaftsbesuche »in« sind. Erziehungsvorstellungen ändern sich; gute, alte Kochrezepte können sehr gefragt sein, aber auch als ungemein gesundheitsschädigend eingestuft werden. Auch die Frage der Berufstätigkeit von Frauen wandelt sich sehr oft. Sind die Kinder berufstätiger Mütter dazu verdammt, Versager zu werden? Oder sind es nicht gerade sehr selbstständige Menschen, die eine berufstätige Mutter haben?

Und der Erziehungsstil selbst: Was soll man zu einer Mutter sagen, die ihr männliches Baby »cross-gendermäßig« erzieht, ihm nur Puppen schenkt und rosa Strampelanzüge kauft?

Und wie findet man es eigentlich, wenn die Schwiegertochter einem ganz unverhohlen erzählt, dass sie früher einige Jahre mit einer Frau zusammengelebt hat, oder der Schwiegersohn sich ganz offen zu seiner Bisexualität bekennt?

Die Wohnkultur, das Essen, die Akzeptanz von Lebensstilen: Alles wandelt sich schnell und unterliegt dauernd neuen Trends. Auch wenn die Schwiegermutter noch nicht alt ist und selbst noch einige Trends mitmacht: Ob der für sie gerade wichtige Trend auch für die Jungen passt? Sie leben vielleicht in einer ganz anderen »Szene«?

Mit einem Wort: Ratschläge sind nur schwer zu geben, dies entspricht einfach unserem Umgang mit älteren Menschen. Sie können für vieles keine Ratschläge geben, ihre Meinungen sind einfach nicht gefragt, weil die Welt sich allzu schnell ändert.

Die moderne Schwiegermutter versucht es auch nicht,

wenn sie klug ist. Aber dass sie in vielen Dingen anders empfindet, das klingt dann doch immer wieder einmal durch. Und auch das kann für Missstimmung sorgen. Wenn man der zweiten Frau des Sohnes ohne besondere (zumindest bewusste) Absicht anklagend erzählt, dass die Frau eines Bekannten von irgendeiner bösartigen Nebenbuhlerin »ausgebootet« worden ist, dann kann dies für Missstimmung sorgen, wenn auch die neue Frau des Sohnes am Scheitern von dessen erster Ehe mitgewirkt hat. Nicht jeder Schwiegermutter sind die Interna so bekannt, dass sie wirkliches Verständnis zeigen kann.

Natürlich sind Babysitter-Dienste oft sehr gefragt und die Funktion der Großmutter in der heutigen Zeit kann gar nicht hoch genug eingeschätzt werden. Aber darf sie sich deshalb schon in den Erziehungsstil einmischen? So könnte man immer weiterfragen.

Geschichten mit mütterlichen Ratschlägen, man möge diesen (diese) oder jenen (jene) um Gottes willen nicht nehmen, gehen meist schlecht aus. Entweder man verübelt es der Mutter, dass man sich von ihr hat beeinflussen lassen, oder man tut genau das Gegenteil von dem, was sie meint.

Dorothea war eine Mutter, die meist ziemlich genau wusste, »was ihre Kinder brauchen«. Als ihr weicher und verträumter Sohn Simon mit einem kecken Punk-Mädchen heimkam – sie sah wirklich verwildert aus, machte kesse Sprüche und fand alles »irgendwie geil« oder »irgendwie ätzend« –, erschrak sie. Simon aber war ein Künstler, der mit seinen Fotografien schon ein wenig von sich reden gemacht hatte. Dorothea hätte sich eine künstlerisch ebenfalls begabte Partnerin vorstellen können oder vielleicht sogar eine, die lebenstüchtig und erdverbunden war. Aber diese »Wiwi«, wie das Punk-Mädchen genannt wurde (wie hieß sie wohl in Wirklichkeit? Erst nach der Hochzeit erfuhr Dorothea, dass sie den edlen Namen »Winifred« erhalten hatte), war vielleicht als Fotomodell geeignet, so seltsam wie sie aussah – aber würden die beiden auch vernünftig miteinander leben können? Würde »Wiwi« ihren Jungen, diesen immer ein wenig abwesenden und scheuen Menschen, verstehen können?

Sie nahm ihn sich nach dem ersten Kennenlernen vor. Ob er wirklich darüber nachgedacht habe, was er da tue? Ob er sich darüber im Klaren sei, dass »Wiwi« (schon den Namen sprach Dorothea verächtlich aus) ihm intellektuell und überhaupt menschlich nicht gewachsen sei? Simon, der Sanfte, sagte nicht viel, nur: dass seine Mutter eben Wiwi näher kennen lernen müsse, sie sei eigentlich auch ganz anders, eben moderner… und so weiter. Und – zu Dorotheas Erstaunen wurde er dann doch etwas unsanft: dass er endlich einmal seinen eigenen Weg gehen müsse, sie sähe in ihm etwas ganz anderes, als er eigentlich sei.

Dorothea ahnte, dass Wiwi wohl seine erste sexuelle Begegnung sei, dass man ihn daher wohl nur sehr schwer beeinflussen könne. Er blieb hart, blieb einfach längere Zeit von zu Hause weg und erklärte ohne viele Umstände eines Tages, dass die Hochzeit im Standesamt XY am soundsovielten sei, ganz klein, eigentlich wollten sie nur die beiden Familien einladen und zwei Freunde als Trauzeugen. Dorothea war entsetzt und ahnte Schlimmes.

Die Braut erschien in einem schwarzen Flatterkleid, sicherlich aus dem Secondhandshop, auf dem Kopf trug sie ein scheußliches Federgesteck, und als man im trauten Familienkreis aus dem Standesamt herauskam, standen da ein paar Halbwüchsige, die in unbändiges Lachen ausbrachen. Statt eines Blumenstraußes hatte die Braut nämlich ein Frettchen in der Hand. Es war wenigstens ein ausgestopftes, aber die Jungs auf der Straße fanden das wohl auch »geil«. Die Eltern der Braut gaben sich merkwürdig blass. Sie waren ziemlich neutral gekleidet, sagten nicht viel und gingen mit zögernden Schritten in ein »Szene-Lokal«, wo die Wände kohlrabenschwarz gestrichen waren und man stehend einen Cocktail nahm. Das Paar verschwand irgendwann und Dorothea fühlte sich in ihren bösen Ahnungen bestätigt.

Als Simon nach drei Monaten – der Kontakt war in der Zwischenzeit sehr eingeschränkt gewesen – ziemlich verzagt ankam und berichtete, dass Wiwi schwanger sei (»und dabei zündet sie einen Joint am anderen an«) und es mit ihr sehr »schwierig« sei, wusste sie, dass sie Recht gehabt hatte. Wiwi hatte bald schon keine Lust, ein Baby aufzuziehen, erwog sogar eine Adoptionsfreigabe, und nur die dringlichen Einsprüche von Dorothea, ihrem Mann und Simon konnten sie davon abbringen. Es stellte sich natürlich heraus, dass Dorothea mit dem Enkelkind ein weiteres Kind (zu ihren vier eigenen) dazubekam. Dies war zwar sicher für alle das Beste, aber Dorothea war sich nicht sicher, ob sie durch ihre freimütigen und dringlichen Äußerungen nicht dazu beigetragen hatte, Simon zu einem Schritt zu bewegen, den er sonst nicht getan hätte.

Dass das junge Paar oft durch ein nicht so leicht zu lösendes erotisches Band gebunden ist, vergessen manche Schwiegereltern. Natürlich weiß man als älterer Mensch, dass dieses Band sich im Laufe des Lebens – manchmal schon sehr bald – lockert; aber dieses Wissen einem erotisch sehr verliebten Paar weiterzugeben, ist nutzlos. Da kann man als Schwiegermutter leider nur warten, um nicht eine Trotzreaktion hervorzurufen. Ratschläge sind – wie vernünftig auch immer – gerade in diesen Dingen nicht gefragt.

Kleine und große Unterschiede

Die Projektionen können weit reichen. Die »böse eigene Mutter« kann in die Schwiegermutter hineinprojiziert werden;

oder: In der Schwiegermutter wird die eigene junge Frau als alte Frau vorfantasiert; enttäuschte Liebe, weil die Schwiegermutter so gar nicht den eigenen Sehnsüchten nach einer (endlich!) lieben Mutter entspricht – es gibt vielerlei Konstellationen, die sich leicht zur unüberwindlichen Feindschaft auswachsen können.

Moderne Familien sind vielgestaltig und unterschiedlich, wie heutzutage Lebensformen ganz allgemein unterschiedlich sind. Es gibt nicht sehr viele vorgegebene Rollen: nicht für die Eltern, nicht für die Kinder – und schon gar nicht für die »Schwieger…«. In traditionelleren Zeiten kamen zwei Familien zusammen, man kannte das Milieu, aus dem Schwiegersohn oder -tochter stammte, so wie diese auch das Milieu der anderen Familie kannte. Das bürgte zwar nicht für Ehe- und Familienglück, führte aber doch zu einer gewissen Ordnung in den Beziehungen. Man wusste, wie man sich zu verhalten hatte – sei es der obligate Blumenstrauß für die Schwiegermutter oder das geheime Gespräch zwischen Schwiegervater und Schwiegersohn über die Finanzen. Schwiegertöchter im bürgerlichen Haus gingen natürlich der zukünftigen Schwiegermutter in der Küche »zur Hand« und benahmen sich auch sonst in der üblich sittsamen Weise.

Alle diese Rollen sind aufgeweicht, verschwunden, sogar umgekehrt. Das Milieu der beiden Familien kann recht verschieden sein, man kennt die entsprechenden Codes nicht und tritt leicht in Fettnäpfchen.

Natürlich gab es – und dies beweist ja auch die Literatur – immer schon gelegentliche Zwistigkeiten, auch solche, die das Klima vergifteten und Ehen zerstörten. Wie man den täglichen Umgang gestalten musste, um den Schein zu wahren, das wusste man aber – und das half in vielen Fällen. In den Beispielen moderner Familien aber macht sich recht oft eine große Unsicherheit breit, wie man denn diesem neuen Familienmitglied begegnen soll. Was in einer Familie selbstverständlich ist – etwa die ungezwungene Umgangsweise mit dem (oder der) »Neuen«, deretwegen man sich nicht irgendwie extra gut kleidet oder besonderes Essen bereitstellt –, kann in der anderen schon als grobe Beleidigung empfunden werden. Eine neue Form, sich auszudrücken, punkige Frisuren oder – im Gegenteil – allzu feine Umgangsformen: all dies kann Verwirrung und Ärger stiften. Dass die Schwiegertochter nicht nur bekennende Vegetarierin, sondern auch noch Rohköstlerin war, irritierte eine meiner Klientinnen, eine 58-jährige Frau und Mutter von fünf Kindern, zutiefst. Ihre Vorstellung vom gemütlichen Familienleben schloss unbedingt ein schönes, ausgiebiges Abendessen ein, »aber wenn man sich wie ein Kaninchen mit ein paar Salatblättern begnügt, dann kann ja keine Atmosphäre entstehen«.

Der südamerikanische Schwiegersohn einer anderen mir bekannten Frau mit seiner steifen und zeremoniellen Förmlichkeit irritierte diese so sehr, dass sie mir beim Zeigen der Hochzeitsbilder des wirklich besonders attraktiven Paares sagte: »Ich hoffe, dass sie sich bald scheiden lassen.«

Das alles scheinen Äußerlichkeiten zu sein, aber sie können schon den Beginn stören und sind manchmal nur schwer zu korrigieren.

Die innere Dynamik der verschiedenen Familien aber kann dafür sorgen, dass nicht wieder gutzumachende Kränkungen und Enttäuschungen entstehen. Dies war wohl immer ähnlich, die Formen der Kränkungen aber haben sich geändert. Schwiegermütter kennen heutzutage die Clichés, unter denen ihre »Kaste« steht, und vermeiden diese meist. Aber irgendwie bekommt man es schon hin, die Schwiegertochter erkennen zu lassen, dass sie sicher »nicht die Richtige« ist. »Das Fräulein vom letzten Jahr hat aber anders ausgesehen«, sagte die allerdings schon uralte Mutter eines bejahrten Mannes, als der ihr nun die »richtige« Braut vorstellte. Diese hatte Humor und lachte – aber ganz so wohl fühlte sie sich doch nicht dabei.

Erzählungen über frühere »reizende« Freundinnen, mit denen man »noch immer Kontakt« hat, sind auch nicht gerade dazu geeignet, besondere Freundschaft zwischen der Schwiegermutter und der neuen Frau zu stiften. Dem Schwiegersohn wird in dieser Beziehung meist nicht so viel zugemutet.

Die Fantasien darüber, wie eine Schwiegertochter/ein Schwiegersohn der Schwiegermutter begegnen sollte, welchen Platz sie (er) in der Familie einnehmen sollte, können das Verhältnis nachhaltig belasten. Eine neue Tochter, einen neuen Sohn bekommen: Dieses Bild ist wohl besonders zerstörerisch. Man sollte sich als Schwiegermutter darüber klar sein, dass man es mit einem fremden Menschen zu tun hat, der aus vielleicht gar nicht nachvollziehbaren Gründen vom eigenen Kind gewählt wurde. Man muss vor allem wissen, dass erotische Anziehung sich oft nicht weiter erklären lässt, dass sie vor allem auch meist nicht tangierbar ist von abfälligen Äußerungen oder Verwunderung über die Wahl.

Nicht einmal der Beginn des Verhältnisses lässt sich so ohne weiteres charakterisieren und einheitlich regeln. Wenn früher die ersten Toaste an der Hochzeitstafel ausgesprochen wurden, dann war klar: Hier gibt es ein neues Bindungsverhältnis, das lange, vielleicht bis zum Tode dauern wird. Wann aber beginnt jetzt dieses Verhältnis? Wenn der Sohn (die Tochter) irgendeinen – den wievielten? – Partner nach Hause bringt und vorstellt? Wenn die Schwiegermutter von einer gemeinsamen Wohnung erfährt? Oder: wenn die Tochter (Schwiegertochter) schwanger ist? Das alles kann viel bedeuten, aber muss noch längst kein Schwiegerverhältnis konstituieren. Der Zeitpunkt ist also variabel, muss von beiden Seiten »erfühlt« werden und ist von Familie zu Familie anders geregelt. »Mein Sohn hat heute zum ersten Mal von dir als seiner ›Schwiegermutter‹ gesprochen«, teilte mir meine »Mit-Mutter« freudig mit, als unsere beiden »Kinder« schon mindestens seit fünf Jahren zusammenwohnten. Ich hatte mich immer mit dem

Neu-Wort »Schwiegerfreund« begnügt, fand aber von da an die neue Bezeichnung für mich passend, freute mich darüber und nannte ihn von jetzt an auch »meinen Schwiegersohn«.

Wenn es aber klar ist (sei es durch Heirat, durch Zusammenziehen oder durch Schwangerschaft), dass sich nun eine neue »Familie« bildet, dann wird auch das Verhältnis zum Schwiegerkind langsam (manchmal gar nicht so langsam) ein anderes.

Die Namensfrage ist zwar nicht ganz unwichtig, wird aber meist rasch und modern geregelt: »Mama« oder »Mutter« sagt man nicht mehr oft, man nennt sich beim Vornamen. Das soll die freundschaftliche Basis betonen, tut es aber natürlich nicht wirklich. Dazu gehört sehr viel mehr.

Die Hoffnungen und Befürchtungen beginnen sich zu entwickeln. Es liegen auf diesem Verhältnis viele Altlasten, außerdem – damit verbunden – viele Clichés. Die Clichés sind bekannt: die böse Schwiegermutter, die den Sohn nicht hergeben will und die neue Tochter als minderwertig empfindet: Hier gibt es viele Vorbilder aus Literatur und Märchen. Die böse »Stiefmutter«, die »Hexe«: Sie alle können Züge einer bösen Schwiegermutter tragen und werden im Märchen auch gar nicht immer so genau unterschieden. Vor dieser offen bösartigen und sich einmischenden Schwiegermutter brauchen sich die jungen Paare heute selten zu fürchten, obwohl Ruth Gall in ihrem Buch sogar von körperlichen Angriffen erzählt. Aber die meisten unglücklich verlaufenden Verhältnisse leiden darunter, dass Sohn oder Tochter zur eigenen Mutter eben ein anderes Verhältnis haben als ihr PartnerInnen und dass sich das in den mannigfaltigsten sublimen Kränkungen auswirken kann. Auf die Solidarität ihrer Kinder aber können Mütter sehr oft bauen. Ihre Strategien der Einmischung, der kleinen Giftpfeile und Kränkungen werden dann so unmerklich gesetzt, dass das eigene Kind der Partnerin/dem Partner gegenüber mit einigermaßen gutem Gewissen sagen kann: »Aber sie meint es doch nicht so, du bist überempfindlich.«

Nicht nur die Clichés der bösen Schwiegermutter können das Verhältnis vergiften. Es sind oft auch allzu große Erwartungen, die eine Rolle spielen: Wird die Schwiegermutter die eigene Mutter ersetzen, ergänzen, vielleicht sogar endlich eine »ideale« Mutter sein? Und umgekehrt: Wird man einen Sohn bekommen, der endlich den »Mann in der Familie« darstellt? (Der eigene Mann mag krank oder verstorben sein oder durch Scheidung abwesend!) Und was ist mit der neuen »Tochter«? Endlich, endlich Frauengespräche, wo doch die drei Jungs dafür nie zu haben waren.

Auch wenn sie häufig Risse und Sprünge aufweisen, nur mehr in Patchwork-Form existieren: Es gibt in Familien noch immer einen Sog der »Einverleibung«. Das neue Mitglied soll dazupassen, es sollte sich den eigenen Werten, dem eigenen Lebensstil irgendwie einfügen lassen und nicht gänzlich fremde Elemente hineinbringen. Natürlich ist dies besonders schwierig, wenn sich zwei Kulturen treffen. Kultivierte Familien finden dies erst einmal »interessant«, man ist natürlich tolerant und hat keine rassischen oder religiösen Vorurteile. Die Realität des Zusammenlebens aber sieht anders aus.

Als Andrea merkte, dass ihr afrikanischer Schwiegersohn ihr dauernd neue Versionen seines Familienlebens daheim auftischte, war sie verstört. War er nun der Nachfahre eines afrikanischen Königs, der auch in den Geschichtsbüchern eine Rolle spielte, oder waren seine Vorfahren von ihren weißen Herren dauernd ausgepeitscht worden? Oder konnte beides stimmen? Was aber sollte man dazu sagen, dass er ihr per Handy mitteilte, er sei zu Hause bei den Kindern, während sie doch deutlich die Stimme einer Ansagerin hörte, die Zugabfahrten verkündete? Ihre Tochter nahm solche Ungenauigkeiten gelassen auf: Das sei eben seine blühende Fantasie, in Afrika gehe es halt anders zu, da fände man solche Mystifikationen lustig. Und die Mit-Mutter: Andrea fühlte sich nicht ganz sicher, als diese – eine ungeheuer füllige Dame in grellen afrikanischen Gewändern – mit ihr durch die Straßen flanierte. Als die Ehe der Tochter geschieden wurde, atmete sie auf, trotz der damit verbundenen Probleme. Gleichzeitig hatte sie auch ein schlechtes Gewissen. Hätte sie doch noch toleranter sein sollen?

Wie immer eine Familie gestaltet ist: Dem neuen Familienmitglied, PartnerIn des Sohnes oder der Tochter, haftet mit seiner Einführung in den Familienkreis auch noch etwas vom Kind-Sein des eigenen Kindes an. Natürlich weiß man, dass es nicht, wie ehemals, ein etwa gleichaltriger Spielgefährte ist, den man früher ohne Umstände ins Kinderzimmer geschickt hat oder dem man zumutete, sich vor dem Essen die Hände zu waschen, auch wenn dies bei ihm daheim nicht üblich war. Und trotzdem: Ganz erwachsen werden Kinder im Herzen der Mutter eben nie – wie unnahbar oder frech oder böse oder liebenswürdig auch immer sie sein können. Und ihre PartnerInnen bekommen auch etwas ab von dieser ewigen Kindhaftigkeit. Andererseits – und das ist die Schwierigkeit für die Schwiegermutter: Es handelt sich bei der Schwiegertochter (dem Schwiegersohn) natürlich um eine erwachsene Person, das ist nicht zu bestreiten. Und er (sie) bringt einen anderen Stil, einen anderen Ton mit; nicht immer gefällt einem das. Das »Eingemeinden« in die eigene Familie aber wird dann oft als Übergriff gewertet – schon beim ersten Treffen können sich da die Missverständnisse häufen. »Ach, du hast Angst vor den Bergen? Das wird dann schwierig für Roland, wo er doch so gerne Bergwanderungen macht.« Peinlicher Beginn …

Es gibt also vielfältige Fallen, die ein erwachsen-friedfertiges Verhältnis nachhaltig stören können. Und anders als beim Eltern-Kind-Verhältnis: Manche Missverständnisse und Empfindlichkeiten lassen sich nie mehr auflösen. Man ist sich nicht nahe genug, um dies zu wollen, man stempelt die »Schwieger« ab, und dabei bleibt es. Manchmal ändert sich das Klima, wenn Kinder kommen. Für viele Schwiegermütter ist die Großmutter-Rolle wichtig und sie tun alles, um ein distanziertes Verhältnis wieder zu »leimen«. Eine feine Bruchlinie kann trotzdem bleiben.

Auch die Großmutter-Schwiegermutter-Schwiegertochter-Konstellation birgt ihre Gefahren, meist nicht ganz so schnell einsehbar, aber doch spürbar. Natürlich werden Babys der jetzt 30- bis 40-jährigen Mütter anders erzogen, als sie selbst von ihren Müttern erzogen wurden. Diese »wissen« einfach, wie man es am besten macht. Das beginnt mit dem »Schreien-Lassen« am Abend oder in der Nacht, geht über die richtige Methode des Abstillens bis hinein in die späteren Erziehungsprobleme mit dem dauernden Dazwischenreden der Kinder und ihrer chaotischen Ordnung im Kinderzimmer oder in der Wohnstube. Für jeden Erziehungsstil gibt es Einwände oder auch gute Gründe. Viele der jetzigen Großmütter waren schon selbst berufstätig, aber die meisten sind, als die Kinder kamen, »kürzer getreten« und haben dies mit Karriereverlust bezahlt. Kann man das von der Schwiegertochter nicht auch verlangen? Ist sie nicht doch allzu ehrgeizig? Schließlich ist sie doch auch »nur« Sekretärin, Immobilienkauffrau oder Sozialarbeiterin. Da sind doch große Karrieren gar nicht zu erwarten. (Bei der eigenen Tochter denkt man schon eher großzügig: Sie soll nicht das eigene Schicksal erleiden und sich vom Ehemann seines besseren Einkommens wegen unterkriegen lassen!) Also könnte sie doch wirklich während der ersten Jahre nur stundenweise arbeiten, die Babysitter verschlingen doch das magere Einkommen der Schwiegertochter sowieso. Und ob es den Kindern wirklich gut tut?

Alle die mit einer solchen Einstellung verbundenen Einwände werden bei der Schwiegertochter nicht so sehr laut geäußert – aber es gibt unüberhörbare Untertöne. Schläft die Kleine noch immer nicht durch? ICH habe ja den Kindern am Abend immer diesen dicken Haferbrei im Fläschchen gegeben… Die junge Mutter wurde gerade von ihrer Kinderärztin dahingehend instruiert, dass man sehr, sehr vorsichtig sein müsse mit dem Zufüttern, weil die Allergien heutzutage so weit verbreitet sind und möglicherweise ein allzu rascher Wechsel in der Ernährung dazu beitragen könne ... usw. Die Schwiegermutter hält dies alles für Übervorsicht. Aber natürlich: wenn man nur ein Kind hat – sie hatte doch drei, keinem hatte es geschadet...

Es gibt natürlich vielfältige Konstellationen und vielfältige Themen, an denen eine solche Dynamik sichtbar wird, aber eine gewisse Systematik lässt sich doch ausmachen. Und hinter der Systematik steckt dann eben auch wiederum eine ähnliche seelische Dynamik. Der Beginn kann schon vieles, was nachher kommt, determinieren – aber es gibt dann doch auch wiederum Entwicklungen, die nicht vorhersehbar sind.

Nötig sind eine gewisse Distanz zu den eigenen Vorstellungen, Geduld und Toleranz – Tugenden, die gerade in der prekären Situation der »Eingemeindung« eines Fremden gar nicht so leicht zu bewahren sind.

Die Geschlechterfrage

Es erscheint als sehr sinnvoll, die Schwiegermutter des Sohnes und die Schwiegermutter der Tochter in ihrer jeweiligen Beziehungsdynamik zu trennen. Diese beiden Beziehungskonstellationen gehen im Detail sehr getrennte Wege und haben nur recht allgemeine Merkmale gemeinsam.

Welche sind das?

Ganz bestimmt ist die Beziehung in Bezug auf beide Geschlechter, zur Schwiegertochter wie zum Schwiegersohn, mit Hoffnungen und Befürchtungen aufgeladen. Wie in allen modernen Beziehungsformen liegen wenig alte »Muster« bereit, die das Miteinander regeln.

Sowohl Schwiegertochter als auch Schwiegersohn können

als Projektionsfolie dienen, um nun endlich ein »eigenes« Kind des anderen Geschlechts zu haben. Manchmal kann es auch das »bessere« Kind sein. Dann wird wenig darauf geachtet, dass es sich dabei um erwachsene Menschen handelt, die einen eigenen unverwechselbaren Hintergrund haben und möglicherweise ganz und gar nicht gewillt sind, nun in eine andere Sphäre einzusteigen.

Bei der Schwiegertochter aber können noch alle anderen Probleme dazukommen, die sich manchmal zwischen älteren und jüngeren Frauen ergeben: Konkurrenz, Dominanzstreben, Erziehungsbemühungen. Am schwierigsten steht es mit der Konkurrenz in Bezug auf weibliche Attraktivität und erotische Ausstrahlung. Je nach Altersunterschied ist dies absolut nicht nur als Neid der Alten auf die Jungen zu sehen. Es kann auch umgekehrt laufen. Selten wird dieser Neid eingestanden, aber in abwertenden Bemerkungen über körperliche Fehler der Schwiegertochter oder der Schwiegermutter (»So einen langen Lulatsch will er heiraten?« »Die ist so dünn, kann sie wirklich Kinder kriegen?« »Die kann wohl nicht in Würde alt werden mit ihren kurzen Röcken ...« etc.) zeigt sich, welche Schlachtfelder sich auftun. Manche Schwiegermütter verhüllen ihren Neid noch sehr viel besser: Sie versuchen gutmütig (?), die gedachten oder vorhandenen Fehler zu korrigieren. »Ich habe dir eine besonders gute Hautcreme mitgebracht, die verdeckt alle Unreinheiten und gibt dem Gesicht einen lebhafteren Ton« – das sitzt! Oder: »In diesem Kleid würdest du viel schlanker aussehen, es kaschiert die Taille sehr gut« – wie angenehm, von der Schwiegermutter auf solche Details hingewiesen zu werden.

Umgekehrt aber gibt es ebenfalls Probleme: Was, wenn die Schwiegermutter, eine noch jugendlich wirkende Frau, sehr charmant ist, sich durchaus flirtend auf die Männerwelt einlässt und in der Schwiegertochter das Gefühl entstehen lässt, ein dummes kleines Mädchen zu sein?

Nur sehr einfach gestrickte Frauen versuchen, sich gegenüber der Schwiegertochter als die bessere »Hausfrau« darzustellen. Dieser Status hat allzu viel an Wert eingebüßt. Trotzdem kann man der Schwiegertochter klar machen, um wie viel besser man die Alltagsbewältigung in der Hand hat. Hat man nicht einst drei Kinder (tadellos!) großgezogen und dabei noch halbtags im Geschäft geholfen? Die Schwiegertochter bekommt es ja nicht einmal mit dem einen kleinen Kind so richtig hin. Natürlich sind die weichen Erziehungsmethoden auch allzu nervtötend: Wenn man ein Kind so sehr »verwöhnt…«, klar, dass man dann nicht mehr zum Kochen kommt. Und das Babyjahr gab es früher auch nicht für jeden – die Schwiegertochter macht es sich eigentlich leicht; das bisschen Übersetzungsarbeit, das sie neben dem Kind macht – na ja, was soll das schon?

Besserwisserei, Unverständnis für andere Lebensformen und Präferenzen: Das kann von Frau zu Frau noch besser erlebt und manchmal auch recht hinterhältig ausgedrückt werden.

Dass sie den »Sohn wegnimmt«, wird zwar bewusst auch nicht mehr zum Thema gemacht – darüber gibt es zu viel Literatur, als dass man in diesen Kategorien denken könnte. Aber ein leise nagendes Gefühl der Eifersucht auf die »andere Frau« kann es doch geben. Und die drückt sich dann eben wieder im Unverständnis für diese Frau aus. Man will sie eigentlich gar nicht kennen lernen, sie ist »so anders«.

Oft wird gesagt, die Schwiegermutter habe es mit dem Schwiegersohn leichter. Die Probleme, die es geben mag, liegen nicht so sehr auf der Hand, zumindest haben sie nicht Eingang in die Literatur gefunden. Sie können aber durchaus vorhanden sein. Manchmal wird gemutmaßt, dass Schwiegersöhne ihrerseits Probleme haben, in der Schwiegermutter die eigene »alte Frau« zu sehen. Das mag manchmal stimmen. Aber auch dies ist nicht unbedingt bewusst, weil ja doch besonders irrational. Die Vorstellung allerdings, dass die eigene

Frau/Partnerin auch einmal solch schütteres Haar bekommen könnte und ihre Lippen so schmal werden – die ist nicht angenehm, aber so richtig vorstellen will man sich dies auch nicht. Manchmal allerdings wird ihr Gesicht dem ihrer Mutter erschreckend ähnlich.

Schwieriger scheint es zu sein, wenn man als Schwiegersohn vereinnahmt wird: als der »bessere« Mann oder als ein Sohn, der erzogen werden muss. Nimmt ihn die Schwiegermutter gar als eine Art Liebhaber wahr, dann stehen die Chancen schlecht. Schwiegersöhne, die das Angebot annehmen, vergrätzen mit ziemlicher Sicherheit ihre Partnerin; wehren sie es ab, schlägt ihnen gekränkte Weiblichkeit entgegen und sie werden oft in rüder Art abgewertet.

Immer aber ist es schwierig, zwei Familienwelten zusammenzubringen. Diese Schwierigkeiten können sehr gut verdeckt sein, sie können in grober Manier ausgetragen werden – aber dass Aufmerksamkeit und Rücksicht nötig sind, um die Unterschiede in Welt- und Lebensauffassung zu akzeptieren, scheint klar. Das können weltanschauliche und politische Differenzen sein oder Fragen der Mode und des Benehmens – die eigene Familie ist oft der Prüfstand.

Je kleiner die Familie – und in unserer Welt sind die Familien meist recht klein –, desto mehr achtet sie auf ihre Eigenart. In sehr vielen Familien herrscht eine Art Gleichheitsdruck: Wer nicht ganz dazu passt, wird ausgeschlossen. Das gilt manchmal sogar innerhalb der Familie mit ihrem »schwarzen Schaf«, das es noch immer gibt – allerdings in anderer Form als früher. Ist allerdings ein Schwiegerkind mit sehr andersartigem Stil, Werten und individueller Biografie zur Hand, dann kann der ideale »Sündenbock« gefunden werden. So wie man zu Kinderzeiten die »anderen Kinder« beschuldigt hat, wenn der eigene Kleine hässliche Worte nach Hause brachte, so ist später eben die böse Schwiegertochter schuld am schlechten Benehmen des Sohnes.

Der Schwiegersohn: ein viel einfacherer Fall?

Dem Hörensagen nach ist es leichter, einen Schwiegersohn zu bekommen als eine Schwiegertochter. Das mag in vielen Fällen so sein, gilt aber längst nicht immer – auch hier können beide Seiten viel Porzellan zerschlagen.

Die junge Schwiegermutter bekommt einen »Liebhaber-Sohn«

Manche noch jugendliche und den Männern durchaus zugeneigte Frau freut sich auf einen Schwiegersohn. Mit Männern umzugehen ist ihr vielleicht noch nie schwer gefallen, sie kann dezent flirten und tut dies auch bei der ersten Begegnung. Ein wenig Schmeichelei, ein wenig heiteres »Sich-in-Szene-Setzen« und der Schwiegersohn sollte gewonnen sein.

Manchmal passiert dies auch – nicht unbedingt zum Vergnügen der Tochter. Oft aber kommt es einfach nicht so recht an. Man merkt, dass hier die Verhältnisse nicht stimmen, dass dies nicht der rechte Bezug ist, um wirklich in Kontakt zu kommen. Der Schwiegersohn kennt auch nicht immer die etwas altmodischen Schachzüge seiner vielleicht zukünftigen Schwiegermutter und empfindet ihr Flirtgehabe ein wenig als lächerlich.

Gudrun konstellierte das Verhältnis zu ihrem Schwiegersohn auf diese Weise. Gudrun war eine geschiedene Frau, die immer wieder einmal Freunde, Liebhaber gehabt hatte und jetzt, mit 54 Jahren, alleine lebte. Sie sah gut aus, gepflegt und kultiviert. Das Verhältnis zu ihrer 29-jährigen Tochter war freundlich, vielleicht ein wenig kühl. Die beiden vertrauten einander wohl selten Intimitäten an. Barbara nämlich liebte ihren Vater sehr und fand, dass die Mutter sich ruhig ein wenig mehr um den nunmehr 75-Jährigen hätte kümmern können. »Schließlich hat sie ja niemand gezwungen, einen so viel älteren Mann zu heiraten ...« Nun ja, es ist eben, wie es ist ... Die Liebhaber der Mutter fand sie übrigens auch nicht sehr toll und gab der Mutter eigentlich am Scheitern der Ehe fast mehr Schuld als dem Vater.

Nun aber kommt also Gustav ins Spiel, und Barbara möchte sehr gerne, dass alles gut geht – wo ihre Familie doch sowieso nicht gerade ein Beispiel von Familienidylle darstellt. Sie hat ihre Freunde meist fern gehalten, höchstens so en passant mal einen vorgestellt, wenn es sich nicht umgehen ließ. Aber mit Gustav ist es nun anders, weil sie nämlich zusammenziehen wollen und ein Baby unterwegs ist. Ihre Mutter war über die Nachricht sehr glücklich, Barbara hat sich ihr selten so nahe gefühlt wie an jenem Nachmittag, als sie schon über Babysitten und Kinderwagen und Pampers gesprochen haben. Barbara hat noch eine jüngere Schwester, die Medizin studiert. Die war eine Überfliegerin und Barbara hat nun zum ersten Mal das Gefühl, ein wenig »Oberwasser« zu haben.

Gudrun schaute der ersten Begegnung mit ein wenig Aufregung entgegen, fast wie bei einem ersten Rendezvous, so fühlte sie sich. Sie war überschwänglich, herzlich, fragte Gustav über seine Hobbys aus – davon hatte sie schon gehört – und bemühte sich tunlichst, nicht das noch immer unabgeschlossene BWL-Studium zu erwähnen. Das gemeinsame Kaffeetrinken, der Spaziergang durch die zwar kleine, aber besonders hübsche Stadt: Alles verlief reibungslos.

Gudrun kehrte alle ihre Talente als gute Gastgeberin heraus und behandelte Gustav so, wie sie jeden anderen Mann, dessen Gefallen sie erringen wollte, behandelt hätte.

Gustav aber fühlte sich befangen. Er sah, dass in diesem hübschen Haus am Stadtrand andere Sitten herrschten als bei ihm daheim. Seine Eltern waren ein älteres Paar, das mit den vier Kindern in regem Austausch lebte, und auch die Kinder untereinander waren eine verschworene Gemeinschaft. Gustav war ein begeisterter Musiker (deshalb auch das noch nicht abgeschlossene Studium), der auch als Laie mit seiner Band gar nicht schlecht verdiente, er sang gemeinsam mit einem Bruder und dem Vater in einem sehr professionell aufgezogenen Chor und hatte eine Mutter, die dem vielfältigen Treiben von Mann und Kindern mit Vergnügen zusah. Sie war zupackend, herzlich – eine Grundschullehrerin, die überall half und meist fröhlich war. Barbaras Mutter kam ihm, verglichen damit, geziert vor. Er hatte das Gefühl, sie habe sich auf dieses erste Gespräch »vorbereitet« (was auch stimmte) – und all dies irritierte ihn. Ganz besonders vorschnell fand er, dass Gudrun irgendwann etwas von einem »neuen Sohn und endlich ein Mann in der Familie« murmelte. Er HATTE schließlich eine Mutter und verspürte nicht das geringste Bedürfnis nach einer zweiten. Er hatte auch natürlich keine Lust, Gudrun einen »Mann« zu ersetzen (was immer das nun heißen sollte).

Als Barbara ihn fragte, wie er denn nun ihre Mutter fände, wand er sich. »Sag gleich, dass du sie nicht magst«, sagte Barbara. Er meinte daraufhin, sie sei ihm »fremd«. Gudrun drückte sich gegenüber ihrer Freundin weniger karg aus. »Er ist ein furchtbarer Langweiler, redefaul, dösig – den muss man erst auf Trab bringen!« Dass ihre Tochter, von deren Geisteskräften sie auch nicht sehr viel hielt, ihn gewählt hatte, verwunderte sie nicht. »Die werden schon gut auskommen miteinander, Barbara hat noch nie sehr viel geredet, da gibt es wenigstens wenig Streit.« Das war also der nicht sehr verheißungsvolle Beginn der Schwiegermutter-Schwiegersohn-Beziehung.

Die Anfangsdynamik scheint recht einfach: Gudrun baut fest auf ihre gut eingeübten Praktiken, um Männer für sich zu interessieren. Sie sieht viel zu wenig, dass Gustav natürlich keiner ihrer zukünftigen Liebhaber sein kann und will, dass ihre Tochter – vielleicht extra, aber unbewusst? – einen ganz anderen »Typ« von Mann gewählt hat als einen, der ihr gefallen würde. Ihre Strategien verfangen daher nicht. Sie sind weder ganz zeitgemäß, noch passen sie in Gustavs Bild von einer »Mutter« – und nur als Barbaras Mutter hat er sich Gudrun vorgestellt. Ihr Mini-Rock hat ihn verwirrt (nie, nie würde seine Mutter so etwas tragen), ihre etwas aufgesetzten koketten Reden über das kommende Baby und die damit in Zusammenhang zu bringende Sexualität stoßen ihn ab. Bei ihm daheim war einfach nur Freude gewesen und keiner hätte auch nur einen Ton verlauten lassen, dass man eventuell »nicht aufgepasst« hätte oder, wie Gudrun sich altmodischerweise ausdrückte, ein »Verkehrsunfall« stattgefunden habe. Barbara gesteht es sich nicht ganz ein, aber sie fühlt sich auch irgendwie ganz zufrieden nach diesem Besuch, bei dem ihre Mutter nicht gut abgeschnitten hat. Und sie freut sich darüber, dass Gustavs Familie so viel netter und auch lebendiger ist als ihre eigene. Andererseits: So ganz froh kann sie wiederum auch nicht sein über diese merkwürdigen zwiespältigen Gefühle.

Das prekäre Mutter-Tochter-Verhältnis hat durch diesen ersten Kennenlern-Besuch einen weiteren feinen Riss bekommen, den Barbara aber nicht so recht wahrnehmen will. Sie schämt sich für ihre Mutter und ist doch froh, dass die sonst immer so Überlegene nun gar nicht mehr so gut dasteht. Andererseits, irgendetwas tut auch weh: Ist ihre Mutter nun schon ein wenig lächerlich? Nein, das darf nun auch wiederum nicht sein, und so bleibt Barbara Gustav gegenüber ziemlich stumm, was diesen Besuch angeht.

Wie es weiterging?

Mit der Zeit wurden Gudrun die langweiligen Telefonate zu viel. Sie wollte denn doch ein wenig mehr über die beiden wissen. Gut, wenn Barbara sich nun mal einen solchen Langweiler ausgesucht hatte: Dann sollte es wohl so sein. Sie wollte auch Anteil nehmen am kommenden Baby – eine Tochter würde es sein –, und um hier einbezogen zu werden, wollte sie das Verhältnis irgendwie anders gestalten. Der Schwiegersohn musste »gewonnen« werden. Gudrun allerdings hatte die Rolle der Schwiegermutter in keiner Weise präsent. Männer waren auf die kokette Weise zu gewinnen, mit Flirt, einigen witzigen Zweideutigkeiten – etwas anderes hatte Gudrun noch nie geübt. Sie war die Tochter eines äußerst charmanten Vaters gewesen, und nach dem frühen Tod der Mutter war sie zur Königin seines Herzens aufgestiegen. Die Stiefmutter hatte daran nichts ändern können, bald schon gab es dabei auch große Probleme. Aber all dies war natürlich längst vorbei, der Vater tot, die alten Streitigkeiten vergessen. Wie man einen Mann umgarnt: Das aber hatte Gudrun gut gelernt. Aber jetzt? – Wo all diese Künste beim Schwiegersohn nicht mehr erbrachten als gelangweilte Gespräche? Wie sollte man DEN wohl gewinnen?

Gudrun lernte im Lauf der Schwangerschaftsmonate die »Gegenfamilie« kennen. Sie fühlte sich dabei sehr unsicher. Die Eltern – beide Lehrer – vereinnahmten Gudrun ganz unkompliziert. Als sie nach zweistündiger Fahrt ankam, wurde sie sofort geduzt (»Das macht dir doch nichts, wo wir doch jetzt gemeinsame Großelternpflichten haben?«) und von Veronika in die Küche mitgenommen. »Du musst nicht helfen, nur wenn du magst, aber in der Küche ist's immer am gemütlichsten.« Gudrun passte sich an, erzählte ein wenig über ihre eigene Stadt, wunderte sich über die Kenntnisse ihrer Gastgeberin in Bezug auf die vielen bedeutenden Kunstwerke in dieser Stadt (Gudrun hatte viele davon noch nicht einmal gesehen!) und kam sich recht armselig vor. Als der Ehemann Viktor kam und sie so ganz nebenbei dessen gewahr wurde, wie ungemein kenntnisreich er mit seinen zwei Söhnen über Musik sprechen konnte – das geschah so ganz nebenbei, als man über die kommende Aufführung einer Symphonie von Mahler sprach –, wurde sie innerlich immer kleiner.

Andererseits: Gudrun blieb nicht verborgen, wie wenig geschmackvoll diese Leute eingerichtet waren. Da hingen Ölbilder, unzweifelhaft von Laien gemalt, an der Wand (»Das stammt von unserer Tochter Renate!«), das Mobiliar sah aus, als stammte es aus dem Kaufhaus, billige Lampen mit dünnen Papierschirmen – und die Farben!!

Wenn Gudrun dieses ganze Sammelsurium nicht zusammenpassender Einrichtungsgegenstände ansah, gewann sie wieder an Selbstbewusstsein. Sie hatte doch auch etwas zu bieten! Sicher würden die von ihr gekauften Kinderkleidchen geschmackvoller sein als die selbst gestrickten von Veronika – sie hatte da schon etwas in Arbeit gesehen und sofort festgestellt, dass die mit Glitzerfäden durchsetzte hellrosa Farbe einem Baby ganz sicher nicht zu Gesicht stehen würde.

Gudrun blieb über Nacht, lernte nun auch eine uralte Großmutter kennen und sah die Bilder der im Ausland arbeitenden Renate, eines übrigens bildhübschen jungen Mädchens. Die Atmosphäre am Abendbrottisch umfing sie bald schon recht traulich. Das waren, wie sie eingestehen musste, angenehme und kluge Gespräche, die man da führte, das ergab ein warmes Klima – auch wenn Veronikas indisches Kleidchen schon seit vielen Jahren außer Mode war und auch Viktor mit seinen zu weiten Kordhosen und der riesigen Glatze nicht gerade attraktiv aussah.

Als Gudrun abreiste, war ihr Urteil über die Familie von Gustav zwiespältig. Einerseits hätte sie sich wohl selbst eine Familie gewünscht, die solch ein nettes und gemütliches Leben anzubieten hatte – andererseits: Sie konnte sich lebhaft vorstellen, wie ihre Freundinnen aus dem Bridge-Club über die Spießigkeit der Einrichtung (und übrigens auch des typisch deutschen Essens) sprechen würden.

Aber dass Gustav aus einer belanglosen Familie kam, aus einer, auf die das dauernd in ihrem Kreis benutzte Wort »spießig« zutraf, konnte man wirklich nicht sagen. Vielleicht war an ihm doch noch anderes zu entdecken?

Barbara war nun hochschwanger und die beiden wollten endgültig zusammenziehen. Sie hatten eine hübsche und erschwingliche Wohnung gefunden. Gudrun hatte sich angeboten, beim Umzug zu helfen. Mit etwas bangen Gefühlen reiste sie an. Zwar wusste sie nicht genau, was Barbara und Gustav eigentlich bei der neuen Wohnungseinrichtung vorschwebte – aber eines war klar: Gudrun, als ehemalige Bühnenbildnerin, später Innenarchitektin, kannte sich aus und war gerne bereit, ihre Kenntnisse zur Verfügung zu stellen. Sie spürte, dass ihre Beziehung zu den beiden (ja, auch zur Tochter!) anders werden musste. Egal, ob sie Gustav interessant oder langweilig fand: Er war der Vater des kommenden Enkelkindes und sie war fest entschlossen, dieses Enkelkind nicht aus den Augen zu verlieren. Ihre beruflichen Kompetenzen sollten diesmal wichtiger sein als ihre Urteile über die beiden.

Dies war kein schlechter Anfang. Zuerst einmal erzählte sie ein wenig über den Besuch bei den Schwiegereltern, und ohne Vorbehalte spüren zu lassen zählte sie alles auf, was ihr an Positivem aufgefallen war. Gustav lockerte sich zusehends. Barbara sollte höchstens ein halbes Glas trinken, aber – so fand er – er und Gudrun seien ja nicht schwanger, sie könnten schon mal auf die kleine Vanessa anstoßen. Dies taten sie recht ausgiebig. Gudrun blieb ihrem Vorsatz treu, ihre beruflichen Möglichkeiten ins Spiel zu bringen. Dieser Abend – noch in der alten Wohnung von Barbara, allerdings auf gepackten Kisten – gehörte zu Gudruns wirklich erfreulichen Erinnerungen. Sehr klar stand ihr bald alles vor Augen – der etwas schludrig gezeichnete Plan der neuen Wohnung genügte. Trotzdem fuhr sie mit Gustav noch spät am Abend in die neue Wohnung, um einiges genauer auszumessen – Gudrun war mit Eifer dabei –, und Gustav, der für derlei Überlegungen durchaus ansprechbar war, assistierte. Barbara überließ dies gerne den beiden – am Umzugstag sollte sie sowieso bei einer Freundin bleiben. Gustav allerdings setzte sich zum Ziel, dass sie abends schon in der neuen Wohnung übernachten müsse. Ob dies zu machen sei, fragte er Gudrun. Diese versprach es. Hand in Hand arbeiteten die beiden am nächsten Tag – bald wurde klar: Sie waren ein ideales Team. Jeder wusste schnell, was der andere wollte und plante, die Möbelpacker bekamen präzise Anweisungen, und als die letzten Schinkenbrote gegessen und Bier und Kaffee ausgetrunken waren, saßen die beiden alleine – müde, aber sehr zufrieden – am Küchentisch und überlegten weiter.

Gudrun machte eine Liste all der Schrauben, Feilen, Bohrer und Leisten, die man brauchte, um das Nötigste noch heute zu erledigen. Gustav fuhr zum Baumarkt, Gudrun setzte sehr geschickt bestimmte Möbel zusammen. Sehr viel war es ja nicht, was die beiden hatten – aber man konnte schon etwas Gemütliches draus machen. Das winzige Kinderzimmer war noch ziemlich leer – und Gudrun wusste sofort, was sie nun schenken konnte. Am nächsten Tag würde sie zum Babygeschäft gehen ...

Als Barbara nach Hause kam, konnte sie es nicht fassen:

Gustav und ihre Mutter waren ein lustiges und kumpelhaftes Paar geworden, die neue Wohnung war schon fast wohnlich zu nennen und die Ideen ihrer Mutter wurden von Gustav ein ums andere Mal gerühmt.

Gudrun spürte eine andere Art von Beziehung; Gustav war ein »solider« Mann (Gudrun hätte ihn sicher nicht gewählt, so dachte sie), aber langweilig war er wohl nicht. Er strahlte dieselbe Sicherheit aus wie seine Familie, fand sie. Eigentlich konnte man sich doch wohl auf ihn immer verlassen? Und das hatte sie bei all ihren Beziehungen zu diversen Männern noch nie erlebt. Hatte Barbara nicht vielleicht doch eine sehr gute Wahl getroffen?

Der Abend war kurz, Gudrun schlief in einem schnell zurechtgemachten Feldbett, bestellte dies und das beim Babygeschäft und fuhr drei Tage später sehr zufrieden heim – bedankt von den wirklich gerührten Kindern. Ob sie auf dieser Basis weitermachen könnten? – überlegte Gudrun.

Nun, zuerst sollte einmal das Kind da sein …

Es ist wohl recht eindeutig, dass Gudrun die richtige Einstellung zur neuen Familie, vor allem zu ihrem Schwiegersohn, gefunden hat. Den jungen Partner der Tochter mit weiblichen Mitteln umgarnen zu wollen, das geht fast immer schief. Meist findet der junge Mann dies unangebracht (auch Flirtspiele veralten!), aber vor allem kann es der Tochter ungemein peinlich sein. Bei Barbara kommt noch die Position als die schwächste Frau in der Familie dazu – nie so besonders anerkannt, im Schatten von Schwester und Mutter stehend, hat sie nun endlich einen Partner gefunden, der wirklich ihren ganz persönlichen Wünschen entspricht, in dessen Familie sie sich auch wohl fühlt und den sie aus ganzem Herzen liebt. Soll ihr dieser Mann nun wiederum »weggenommen« werden? So ihre sehr geheime Angst. Was, wenn er zur Partei der Mutter »übergeht«? Sie hat dergleichen schon erlebt: Freunde, die sich gar nicht genug tun konnten in Begeisterung für die Mutter, die sie um diese fabelhafte Frau beneideten. Barbara hatte solche Freunde meist schnell wieder verlassen, oft hätte sie den Grund gar nicht angeben können. Auch Gustav hatte nicht geahnt, mit welchen Sorgen sie ihn vorgestellt hatte. Sie hatte extra lange damit gewartet. Würde ihre Mutter wieder die alten Spielchen spielen? Und natürlich hatte sie das getan – aber diesmal hatte es nicht verfangen. Barbara war zwar sehr zufrieden mit dem Ausgang des ersten Treffens (keinerlei Lobpreisungen der Mutter!), aber die Loyalität zur Mutter war dann doch irgendwann »durchgebrochen«. Gustav hatte ja gar nicht viel gesagt, aber schon sein Schweigen war genug, um ihr ein schlechtes Gewissen zu machen. Und natürlich konnte sie sich lebhaft vorstellen, wie ihre Mutter über Gustav reden würde.

Dass Gudrun nicht *nur* ein Weibchen sein will, dass ihr der Gedanke an ein Enkelkind nun doch eine andere Art von Identität verleiht, ist die Rettung. Gudrun ist nicht nur ein oberflächliches Ding, das gefallen will. Sie besinnt sich auf das, was sie wirklich gut kann: ihr berufliches Talent – und siehe da, die beiden »Kinder« sind wirklich dankbar und es entwickelt sich ein gutes Verhältnis. Gustav ist ein Mench, dem man mit realen Kenntnissen und Tätigkeiten imponieren kann – das liegt in der Tradition seiner Familie. Charmantes Brimborium hat man dort schon immer verachtet. Aber Gudrun kann eben auch etwas und sie weiß auch, wie man sich an andere Lebensformen anpasst. Das ist die Kehrseite ihrer »weltgewandten« Existenz. Sie ist nicht kleinlich, sie ist nicht nur voreingenommen und konnte sich daher auch gut in die so viel »solidere« Familie von Gustav einpassen. Das aber hieß dann letztlich natürlich auch, dass sie Gustav selbst besser akzeptieren konnte. Die Familie von Gustav hat sich übrigens sehr positiv über Gudrun geäußert, auch da war es ihr also gelungen, sich Sympathien zu verschaffen. Man kann sich gut vorstellen, dass eine Hochzeit – sollte diese einmal stattfinden – ein richtig gemütliches und schönes Familienfest wird.

Der ist doch viel zu alt …

Senta, eine allein lebende Frau, die sehr viele Freunde hat und sehr beliebt ist, hat drei Töchter. Eine davon, Alexa, gilt als ausgesprochene Schönheit, ist charmant und reizvoll im Auftreten und außerdem als PR-Frau einer großen, auch international bedeutsamen Vereinigung außerordentlich welterfahren. Senta weiß häufig gar nicht, in welchem Land die Tochter sich gerade aufhält: Die Anrufe kommen aus Italien oder Neuseeland, aus Saarbrücken oder New York. Manchmal wird sie um drei Uhr früh aus dem Schlaf gerissen. Alexa ist dann jedes Mal schuldbewusst: »Ich habe vergessen, dass es bei euch erst so früh ist …« Aber Senta freut sich über jeden Anruf, weil sie sich mit Alexa sehr gut versteht, fast besser als mit den zwei anderen Töchtern, die – in ihrer Stadt geblieben – ein vergleichsweise bürgerliches Leben führen. Ein wenig beneidet sie die Tochter auch. Sie selbst ist auch einmal eine sehr attraktive Frau gewesen – sie ist es auch heute mit ihren 65 Jahren noch und zieht manchen Verehrer an. Irgendwie war nach ihrer Scheidung aber nie der ganz »Richtige« dabei. Ein Leben wie die Tochter hätte sie auch ganz gerne geführt, aber natürlich war ihre Zeit in den Fünfziger- und Sechzigerjahren nicht dazu angetan gewesen.

Eines Tages rief Alexa wieder einmal ganz unvermutet an (war sie damals in Tokio oder in Chicago?): Sie würde in der nächsten Woche gerne nach Hause kommen, ob sie jemanden mitbringen könne? Es sei ein Mann, der sie gefragt habe, ob sie ihn heiraten möchte. Senta war verblüfft. Nie hatte sie von einem solchen Mann gehört; überhaupt war

Alexa in Bezug auf ihre diversen Freunde (und es gab viele davon) in ihren Mitteilungen immer zurückhaltend gewesen. Ja, sie kenne diesen Mann schon längere Zeit, aber erst jetzt sei er »frei« (na ja, hatte er sich Alexas wegen wohl »freigemacht«?, so mutmaßte Senta), und da wolle er eben ... Ja, er sei im Auswärtigen Amt tätig. Senta war keine altmodische Frau; sie selbst hatte sich scheiden lassen, weil die Ehe nach 20 Jahren so gar nicht mehr glücklich gewesen war, wusste, dass ein solches Zerbrechen von Beziehungen eben der modernen Zeit geschuldet war, und dachte da recht großzügig. Trotzdem behagte es ihr nicht so ganz, dass ihre 34-jährige wunderbare Tochter nun die »zweite Frau« sein sollte und dass sie vielleicht auch der Scheidungsgrund war. Aber: Was soll's, so überlegte sie dann, schließlich ist es nicht meine Sache, darüber zu urteilen. Wer weiß, was alles dahinter steckt.

Alexa kam mit dem »Neuen«, der nun also wirklich ihr Schwiegersohn werden sollte. Es trat ein sehr eleganter Mann auf, schlank, gut angezogen, offensichtlich selbstbewusst und wohlerzogen. Seine Halbglatze stand ihm gut, auch die Falten um die Augen und auf der Stirn passten irgendwie zu ihm. Er erinnerte Senta an einen »Schwarm« ihrer Jugend, einen Filmschauspieler, dessen Namen ihr gerade nicht einfiel. Senta könnte sich einen solchen Mann recht gut in ihrem Leben vorstellen – vor allem deshalb, weil dieser Mann sicher schon auf die sechzig zuging. (Später stellte sich heraus, dass er 58 Jahre alt war.) Sie konnte ihren Augen kaum trauen ... Das also war ihr Schwiegersohn? – Dieser ältere Herr, der mit solcher Selbstverständlichkeit ihrer Tochter den Arm um die Schulter legte, sie an sich zog und offenbar schon eine ganze Menge über die Familie wusste?

Senta wusste nicht recht, wie ein solcher Schwiegersohn zu behandeln sei. Bot man ihm das »Du« gleich an? Sie hatte sich in Vorbereitung auf diesen Besuch vorgenommen, es ganz formlos zu machen – also schon in den ersten Minuten etwas in der Art zu sagen wie: »Lassen wir das ›Sie‹ gleich von Anfang an weg, ja?« Aber bei diesem äußerst elegant gekleideten Herrn? Alle Begriffe verwirrten sich. Mit den Freunden ihrer Töchter war es immer recht unkompliziert zugegangen: »Hi« als Begrüßung, »Holt euch doch etwas aus dem Kühlschrank«, »Geht ihr noch weg?« u.a.m. All das schien ihr nicht angebracht zu sein. Der neue »Schwiegersohn« schien alles überspielen zu können. Er machte Konversation, er neckte seine junge »Verlobte« (wirklich?) und ging sehr bald zu ganz praktischen Dingen über. Dass man möglichst bald heiraten wolle, weil er wieder »in den Dienst« müsse – nämlich als Diplomat nach Buenos Aires. Das sei zwar nur für kurze Zeit, aber »für diese Zeit werde ich Alexa den Deutschen und vor allem ihrer Familie doch entführen müssen« – so gespreizt drückte er sich aus. Ja, und dass diese Hochzeit eher klein ausfallen solle, denn – hier wurde er doch tatsächlich ein wenig unsicher – »Sie haben ja sicher gehört, dass ich noch bis vor kurzem gebunden war, und meine zwei Kinder – Töchter – wären vielleicht überfordert mit einer großen Hochzeit, obwohl ...« – und wieder räusperte er sich –, »ja, obwohl sie beide sehr einverstanden sind mit meiner Wahl, aber natürlich die Loyalität zu ihrer Mutter. Sie verstehen das sicher und Alexa ist da ganz meiner Meinung.« Das also war's. Alexa, die liebe Tochter, die so oft mit ihr telefoniert hatte, war schon seit längerem in einer neuen Verbindung gewesen, kannte offenbar die Kinder dieses Mannes (waren sie überhaupt jünger als Alexa?) und hatte dies alles vor ihr verborgen. Was war diesem Kind nur eingefallen? Ja, der alte Herr (»Anton« hieß er) war wirklich recht sympathisch, wenn auch trotz seiner etwas jüngeren Jahre wohl altmodischer als Senta, aber als Ehemann? Und als Schwiegersohn? Als sie mit der Anrede gezögert hatte, half er mit seinem Namen aus und meinte, man solle doch gleich zu den Vornamen übergehen, in Amerika sei dies doch so praktisch und nett. Er sagte auch sofort »Senta« und »Sie«, dieses Problem war also erst einmal gelöst.

Man plauderte, man trank Tee und es hörte sich ganz so an, als sei das Ganze ein normales Treffen mit einem netten Bekannten. Aber man musste natürlich wieder auf die Hochzeit zu sprechen kommen. Anton war übrigens wohl etwas verwundert, dass Senta so wenig von ihren Überlegungen wusste, ja, dass Alexa offenbar so gut wie gar nichts über ihn erzählt hatte. Nun, die Hochzeit sollte hier in Alexas Stadt stattfinden, sie dächten nur an die engste Familie. In zwei Monaten, da könne er einen längeren Urlaub nehmen, man wolle nämlich nach der Heirat noch zu Freunden an die Riviera fahren, die hätten ihnen sehr großzügig ihr Haus angeboten etc. etc. Senta ließ alles über sich ergehen und war froh, als die beiden aufbrachen, um ins Theater zu gehen. Ob sie morgen gemeinsam frühstücken könnten? – In ihrem Hotel? (Natürlich, Anton würde sicher nicht in Alexas altem Zimmer schlafen wollen, dafür war er doch zu alt?)

Senta fand all dies irgendwie dann doch abgeschmackt und seltsam verschwiemelt: Alexa in ihrer Heimatstadt im Hotel, Senta als – ja, als was? Dass Anton ganz offensichtlich in Alexa verliebt war, bereitete ihr merkwürdigerweise Unbehagen, obwohl er sich natürlich tadellos benahm – nicht wie einige ihrer früheren Freunde (das war aber nun schon lange her), die sie dauernd vor ihren Augen geküsst hatten und ungeniert schmusten. Das war ihr übrigens auch nicht ganz angenehm gewesen.

Senta fühlte sich in irgendeinen alten Familienroman aus dem 19. Jahrhundert versetzt. Damals war es auch nicht ungewöhnlich gewesen, dass ein älterer Mann ein junges Mädchen heiratete. Sie dachte an einen Roman von – ja, von wem? –, ach ja, Fontane war es, dieser Roman hieß *Schach von Wuthenow* und behandelte ebenjenes Thema. Wie war das nur gewesen? Ach ja, da hatte sich die verwitwete, noch sehr jugendliche Mutter Hoffnungen auf den gleichaltrigen Mann gemacht. Der aber schwängerte die Tochter und heiratete sie schließlich. Aber das Ganze war irgendwie tragisch ausgegangen – Senta konnte sich nicht mehr genau an die Fakten erinnern, aber das Gefühl der übergangenen Frau war ihr noch gut im Gedächtnis.

Ja, das spielte auch noch mit: Das war doch fast »ihr« Jahrgang, was wollte der mit einem so jungen Ding wie Alexa? Dass Alexa mit 34 Jahren auch schon ziemlich lange erwachsen war, vergaß Senta unter dem Ansturm der Gefühle. Senta ließ alles Weitere mit Humor und ziemlich viel Alkohol über sich ergehen: Einkaufen, Auswahl von Speisen und Getränken, standesamtliche Trauung – und sogar eine kirchliche Trauung wurden arrangiert. Der neue Bräutigam war zwar schon verheiratet gewesen, aber evangelisch – und da konnte man unter gewissen Umständen ja zweimal kirchlich heiraten. Die beiden Töchter erschienen und waren so kühl wie nur möglich. Man konnte ihnen nichts vorwerfen, aber Senta spürte natürlich, welche Gefühle die beiden hatten. Eine kam mit ihrem Freund, einem ziemlich ungehobelten Typen, der sich auf Sentas weißer Couch lümmelte und die Füße mit Schuhen hochzog. Sie überhörte natürlich seine geflüsterte Bemerkung: »Ob er's nur mit Viagra noch bringt?« Dass seine Freundin ihn dafür nicht scharf zur Rede stellte, missfiel ihr gründlich.

Anton, zu dem Senta nach der Hochzeit »du« sagte, erwies sich als ein recht netter und auch kultivierter Mann; nach einigen Monaten, in denen er mit Alexa häufiger als früher in der Stadt gewesen war, gefiel er Senta immer besser. Wenn Alexa abends zu tun hatte und Anton bei ihr blieb (Alexas altes Zimmer war nun für das Paar neu eingerichtet worden), freute sie sich. Anton hatte viel mit ihr gemeinsam, nicht nur die gemeinsame Erfahrung der Zeit, als sie jung gewesen waren (»Weißt du noch damals, die 68er, habt ihr auch ...?« etc., und sie konnten über vieles aus der damaligen Zeit gemeinsam kichern wie Teenager), eine politische Linie, die sie teilten, und vor allem ihre Vorliebe für Literatur. Die teilte nun Alexa, die Nüchterne, nicht unbedingt mit ihnen. »Die Zeit totschlagen mit erdachten Menschen« nannte sie das oft spöttisch.

Waren sowohl Alexa als auch Anton da, dann wurde es ebenfalls recht gemütlich. Senta vergaß ihre Bedenken beinahe und erwies sich als ideale Schwiegermutter.

Vielleicht allzu ideal?

Natürlich entging es der sensiblen Senta nicht, dass sie sich langsam an Anton nicht nur gewöhnte, sondern ihn zu vermissen begann. Das Übliche: Sie erzählte ihm innerlich alles, was sie erlebt hatte, vor allem, was sie gerade las und wie sie diese oder jene Lektüre beurteilte, sie telefonierte auch dann, wenn Alexa, wie sie eigentlich hätte wissen müssen, im Ausland war, sie sehnte seine Anwesenheit schließlich sehr heftig herbei und war über sich selbst entsetzt. Trotzdem hoffte sie – gegen alle Vernunft –, dass auch Anton für sie etwas empfinden möge. Niemand natürlich, mit dem sie darüber hätte sprechen können ... Es war allzu peinlich – und trotzdem: Die Gefühle ließen sich nicht bändigen.

Bei einem der nächsten Besuche – Alexa und Anton wollten sich bei Senta treffen, aber Alexa hatte das Flugzeug verpasst – wurde die Stimmung zwischen ihnen beklommen. Senta hatte ein wunderbares Abendessen bereitet, Kerzen inklusive – und Anton brach schließlich ein eintretendes Schweigen mit einem Geständnis. Dass er sie danach in seine Arme zog, dass es nicht nur dabei blieb – an all das konnte sich Senta später nur mehr schwach erinnern, so sehr schämte sie sich.

Es blieb alles beim Alten. Aber Alexa spürte natürlich die veränderte Situation. War es deshalb, dass die beiden nun so sehr viel seltener kamen? Waren sie da, dann wirkte alles aufgesetzt. Senta konnte ihrer Tochter gegenüber den früheren Ton nicht mehr finden, Anton hatte sich sowieso wieder zurück in sein konventionelles Gehäuse begeben und Alexa drängte nun dauernd darauf, man möge den Abend zu zweit irgendwo bei Freunden verbringen. Das Ganze war so schief wie nur möglich – und Senta litt nicht nur an Liebeskummer, sondern auch an immensen Schuldgefühlen. Einmal hatte sie mit Anton noch darüber gesprochen. Er hatte ihr beteuert, dass seine Gefühle für sie unverändert seien, aber er liebe auch Alexa und wolle mit ihr nochmals eine Familie gründen. Und natürlich war es für beide völlig klar, dass tiefes Stillschweigen bewahrt werden musste.

Alexa wurde nicht schwanger und nach drei Jahren trennte sie sich von ihrem nunmehr 61-jährigen Ehemann. Sie fand einen jüngeren Gefährten, erklärte das Ganze zu einer »Vaterprojektion« (sie hatte inzwischen einige Stunden Psychotherapie gemacht) und wurde ohne viele Probleme Mutter eines entzückenden Jungen. Senta aber wurde die liebevollste Großmutter, die man sich denken kann, und versuchte, alles wieder gutzumachen – was immer sie wohl auch an Schaden angerichtet habe, so meinte sie innerlich. Niemand erfuhr von ihrem Seitensprung – und so sollte es auch bleiben. Als sie das schöne Wort von Kleist las, dass die Marquise von O. ihrem Mann »um der Gebrechlichkeit der Welt« wegen verziehen habe – verzieh sie sich schließlich auch selbst.

Dies ist nun wirklich eine recht seltsame Problematik, diffizil, tragisch, wie geschaffen für einen Roman. Es handelt sich nicht um ein verwahrlostes Milieu, in dem solches geschieht. (Dort begegnete mir dies einmal bei einer meiner Patientinnen, deren Mutter sich einfach wahllos alle Männer – auch den der Tochter – griff.) Die Beteiligten haben durchaus hohe moralische Ansprüche, ihre Handlung passt nicht so recht zu ihnen. Vielleicht kann man Senta noch eher verstehen – schon längere Zeit ohne Partner, hat sich doch auch einiges an Wünschen nach männlicher Anerkennung und männlichem Begehren bei ihr angesammelt. Dazu kommt noch ein ganz leises, aber doch vorhandenes Gefühl dieser perfekten Tochter gegenüber: So schön, so perfekt, so gewandt hätte sie auch sein können, aber die Umstände haben ihr das verwehrt. Neben dem Stolz schleicht sich da auch ein verpöntes Gefühl ein: Neid. Das könnte doch IHR Mann sein – die Tochter hat von allem übergenug, während sie selbst eher darbt. Dazu kommt das Gefühl, dass der große Altersunterschied zwischen den beiden irgendwie »indezent« ist, es geniert Senta fast, sich die beiden in ihrer Intimität vorzustellen. Senta ist aber nicht der Typ, der sein Seelenleben dauernd zergliedert, und deshalb fällt sie einfach wie besinnungslos »hinein« in die Situation, die sie sich so nun wirklich nicht vorfantasiert hat.

Es ist immer schwierig, mit den Problemen großer Altersunterschiede umzugehen. Wenn sich die geschichtliche Zeit, die man erlebt hat, sehr unterscheidet, dann muss sehr viel an seelischer Arbeit geleistet werden, damit hier eine Lücke kompensiert werden kann. Alexa in ihrer Sorglosigkeit (vielleicht auch Oberflächlichkeit?) hat dies wohl nicht sehr scharf bedacht und war einfach angezogen und geschmeichelt von einem »Mann von Welt«. Senta hat die Lücke, die da blieb, sehr wohl intuitiv herausgespürt. Ihre Zeit in den Umbrüchen der 68er (sowohl Senta als auch Anton waren zwar keine großen Linken gewesen, hatten aber vieles mitgemacht und ausprobiert, etwas, was man Anton übrigens heute absolut nicht mehr ansehen konnte!) hatte daher auch bei ihrer langsamen Annäherung eine große Rolle gespielt. War Senta mit ihren eher »leisen« Interessen für Anton nicht überhaupt eine passendere Gefährtin? Ja, nun, die Situation war aber ganz und gar nicht zu ändern, das war beiden klar. Übrigens hätte Anton, der auch ein recht eitler Mann war, bei aller Sympathie, vielleicht sogar Liebe zu Senta sich bestimmt nicht mit einer älteren Frau zeigen mögen. Die schöne junge Alexa war genau das, was ihn in der Gesellschaft beflügelte und ihm eine Art »Ruhm« einbrachte. So waren auch seine Gefühle gespalten. Dass Alexa sich von ihm trennte, ging ihm sehr nahe – vor allem seine Eitelkeit war getroffen, und er ließ übrigens nach einem sehr formellen Abschiedsschreiben an Senta und an Alexas Vater nie mehr von sich hören.

Ein neuer Mann im Haus

Käthe hatte ihren Mann früh verloren und zog die zwei Mädchen alleine auf. Sara, die Ältere, ist seit ihrer Schulzeit mit einem sehr, sehr netten Jungen liiert. Erwin ist drei Jahre älter, und er gehört zur Familie. Als Sara fürs Abi lernte, saß er still und freundlich neben ihr im Mädchenzimmer und büffelte seine chemischen Formeln für das Medizinstudium, half ihr, wo sie selbst nicht mehr weiterkonnte (Naturwissenschaften sind noch nie ihre Stärke gewesen!), und beide wurden von Käthe liebevoll versorgt. Da Erwin von allen traditionell »männlichen« Angelegenheiten wie der Reparatur der Stehlampe und der Waschmaschine sowie der Beseitigung tropfender Wasserhähne etwas versteht, hat sich eine gute Symbiose herausgebildet. Käthe ist wirklich die ideale »Schwiegermutter«, und Erwin genießt dies auch; seine eigene Mutter ist eine Business-Frau, die zwar gut verdient, sich aber um ihren Nachwuchs längst nicht so sehr gesorgt hat wie Käthe. Erwin wird nicht müde, dies auch immer wieder zu betonen. »Das kenne ich von daheim gar nicht«, ruft er entzückt aus, wenn Käthe einen Kuchen backt oder von ihrem Stadtgang für beide »Kinder« je einen besonders aparten Drehbleistift mitbringt. Und dabei ist auch Käthe beruflich recht erfolgreich: Sie ist Physiotherapeutin, hat eine eigene Schule gegründet und wird allgemein von Freunden und Verwandten bewundert. Frisch, jugendlich und durchtrainiert meistert sie alles: Haushalt, Beruf, Kinder und eben – auch den künftigen Schwiegersohn, der ihr, wie sie immer wieder betont, »ein wirklicher Sohn« geworden ist. Was Erwins Mutter dazu meint, ist nicht überliefert. Vielleicht hat sie all dies gar nicht wahrgenommen.

Sara ging an die Uni, studierte Psychologie und ließ sich zusammen mit Erwin weiterhin bemuttern. Es lief ja alles so wunderbar glatt mit dem »Schwiegersohn«, der demnächst auch den Familienurlaub mitmachen sollte. Alles war sorgsam geplant, das Hotel in Kreta zeigte sich im Prospekt von seiner besten Seite, die beiden »Kinder« sollten ein ganz besonders nettes Zimmer mit Meeresblick bekommen; das Ganze roch schon verdächtig nach Hochzeitsreise. Mit Mutter bzw. Schwiegermutter?

Plötzlich aber bekam alles ein anderes Gesicht. Sara wollte nicht mehr mitfahren, Sara hatte sich in einen Kommilitonen verliebt und wusste auf einmal nicht mehr, was sie mit Erwin eigentlich anfangen sollte. »Er ist ja mehr wie ein Bruder«, schluchzte sie, als ihre Mutter ihr »moralisch« kam: wie sie den armen Jungen so sehr an der Nase herumführen könne, wie entsetzlich das für ihn sei, wo er doch gar kein gutes Familienleben habe, wo er sie doch so sehr liebe … und auch die ganze Familie …

Käthe ist weder naiv noch unsensibel, und so merkte sie selbst, was da wohl schief gelaufen war. Dass eine Siebzehnjährige heutzutage meist nicht bei der »ersten Liebe« bleibt, das sagte ihr natürlich ihre Erfahrung. Wie viel sie selbst an der Infantilisierung der Beziehung mitgewirkt hatte, war aber nur schemenhaft in ihrem Bewusstsein.

Erwin kam mit verschwollenen, verweinten Augen an. Er warf sich fast an ihre Brust und versprach, ihr immer, immer alles zu besorgen und zu reparieren, egal, ob er mit Sara nochmals zusammenkäme oder nicht. (Dieses Versprechen hat er übrigens fast ein Jahr lang gehalten!) Käthe fand den »Neuen« übrigens nur recht mittelmäßig, nicht zu vergleichen mit Erwin. Sara blieb übrigens auch nicht beim »Neuen«, sondern probierte altersgemäß noch einige Jahre ein wenig herum, bis sich endlich eine wirklich feste Beziehung bildete. Und Käthe? Die hatte gar kein Gelegenheit mehr, sich so sehr an einen von Saras Freunden zu binden. Sara brachte sie selten nach Hause und entwand sich der Fürsorge ihrer Mutter sowieso. Aber das ist ein anderes Kapitel.

Anders als die Schwiegermutter von Gustav begibt sich Käthe sofort in die Mutterrolle. Sie will die »bessere Mutter« sein und drängt Erwin sofort in eine Sohnesrolle. Dieser scheint wirklich sehr bedürftig. Der dünne Anstrich von Männlichkeit über ein paar Reparaturen im Haushalt vertuscht die kindliche Rolle, die er in der Familie innehat. Das junge »Paar« ist nicht viel mehr als eine Spielgemeinschaft im Kinderzimmer, umsorgt von der fürsorglichen Mama. Dass die junge Tochter dabei jedes erotische Interesse an ihrem Freund verliert, verwundert nicht. Man könnte mutmaßen, dass dies Käthe tief verborgen auch ganz recht ist. Sie will irgendwie teilhaben an der Beziehung, es gelingt ihr offensichtlich das Kunststück, wirklich eine »Mutter« für Erwin zu werden und dabei die »Kinder« zu Geschwistern werden zu lassen. Dies drückt Sara sehr einsichtig aus.

Die attraktive und tüchtige Käthe hat selbst wenig an Erotik erlebt. Nach dem frühen Tod ihres Mannes blieb zuerst wenig Zeit für Partnerschaften und außerdem hat Käthe daran auch gar nicht so viel Interesse. Dies scheint dann auch der tiefere Grund, weshalb sie an Erwin als »Kind-Mann« genug hat. Die

Abgründe und Gefahren einer erotischen Beziehung hat sie nie gesucht (genau genommen war auch die Beziehung zu ihrem Mann eher eine Bruder-Schwester-Beziehung gewesen). Käthe fühlt sich nur als Mutter sehr sicher und hat ihren noch kleineren Töchtern sehr viel geboten. Als Sara dann aber altersgemäß einen ersten Versuch mit Sexualität wagt, findet Käthe – natürlich nicht bewusst – einen sehr effizienten Weg, um Erotik nicht allzu gefährlich werden zu lassen. Nun werden eben beide Partner noch kindlich gehalten.

Käthe hat sogar – und dies erzählt Sara später mit einiger Verwunderung – für die beiden beim ersten intimen Zusammensein sozusagen das Bett gemacht. Als Erwin einmal ziemlich schüchtern fragte, ob er denn nicht hier übernachten dürfe, hat sie eigenhändig das Bett gemacht. Auch Frühstück gab es natürlich und Käthe soll an diesem Morgen sehr bedeutungsvoll »Guten Morgen« gewünscht haben, zumindest sieht Sara dies so.

All dies erscheint nicht nur als »gut gemeint«, sondern auch als übergriffig. Das Liebesleben der Kinder sollte tabu bleiben; erzählen die Kinder allzu viel davon, dann muss man gewisse Bedenken haben – zeigt es doch, dass sie ihre Partnerschaften mit der darin verborgenen erotischen Seite nicht als ihr »Eigenstes« betrachten, als ein Geheimnis, das nur zweien zukommt; ein Geheimnis, an dem man sich entwickeln kann, weil man es nicht mit anderen teilt und vergleicht und zerredet. Erotik in der Jugend muss langsam »entdeckt« werden und bei diesen Entdeckungen sollten kein Kommentar und kein Blick von außen eine Rolle spielen. Ganz besonders aber sollte der Blick der Eltern und Schwiegereltern abgewehrt werden. Dies gilt ganz besonders für den jeweils gegengeschlechtlichen Elternteil, weil hier eigene erotische oft unerfüllte Wünsche durch die erwachende Sexualität des Sohnes oder der Tochter oft wieder erwachen und sich diese erotischen Wünsche in merkwürdiger Weise an das Kind anklammern können. Die vielen Eifersuchtsgeschichten zwischen Eltern und Schwiegerkindern haben hier ihren Ursprung. All dies ist meist kaum bewusstseinsfähig, wird nur dunkel erahnt und bei gesunden Eltern-Kind-Verhältnissen und einer guten Partnerschaft eben durch eine Tabuisierung der Erotik der erwachsenen Kinder gewürdigt. All dies ist bei Käthe nicht gegeben. Sie hat als »moderne« Mutter das Kunststück fertig gebracht, Sara nicht mit sexualfeindlichen Geboten zu drangsalieren und Sexualität trotzdem zu entschärfen. Sie hat Saras erwachende Sexualität sozusagen »von innen« ausgehöhlt. Darauf hat Sara reagiert.

Warum bleibt sie so sehr unter ihrem Niveau?

Brigitte hat zwei Söhne und eine Tochter. Sie hat, wie es eben oft üblich war (und ist), die Kinder ohne große Hilfe durch ihren Mann aufgezogen. Neben ihrem Beruf als Sozialarbeiterin (ein Beruf, den sie jahrelang den Kindern zuliebe nur »auf kleinem Feuer« kochen ließ) hat sie für Haushalt und Kinder gesorgt und überließ ihrem Mann, einem viel beschäftigten Rechtsanwalt, die sauber gewaschenen Kinder am Abend zur Gute-Nacht-Geschichte.

Ihre Söhne hat sie – dem Cliché ganz und gar nicht entsprechend – immer eher nüchtern betrachtet. Sie war eine gute Mutter, aber sie machte sich nichts vor. Der Ältere war ein aufgeweckter Junge, der wenig Schwierigkeiten machte, der Jüngere war ein Problemkind: nicht sehr begabt, dauernde Schulprobleme, gehemmt, aber lieb und zärtlich. Beide haben aber ihren Platz im Leben gefunden und dazu hat Brigitte viel beigetragen.

Aber die Tochter Susanne: Die war etwas ganz Besonderes in Brigittes Augen. Noch bevor es Mode wurde, jedes intelligente Kind als »hochbegabt« zu bezeichnen, konnte man

Susanne sicher so charakterisieren. Sie konnte alles sofort, konnte gut zeichnen, spielte mit acht Jahren schon ganz wunderhübsch Klavier, komponierte mit zehn Jahren erste kleine Stückchen, und wenn man nicht auf ihr emotionales Alter Rücksicht genommen hätte, dann wäre auch das zweite Überspringen einer Klasse kein Problem gewesen. Ihr Abitur mit 1,0 überraschte niemanden. Susanne studierte Jura und übersprang auch dabei alle Hindernisse. Natürlich konnte sie sich nach dem Studium die besten Stellen aussuchen und ihre Karriere als Richterin war schon jetzt viel versprechend. Allerdings überlegte sie ab und zu, ob sie nicht doch das Angebot einer Stelle an der Universität annehmen sollte. Und: Susanne war auch außerordentlich schön. Brigitte hatte nie etwas anderes als Komplimente über ihre dunkellockige Tochter mit den hellblauen Augen und dem olivfarbigen klaren Teint gehört.

Susanne war ein »spätes« Kind, sehr ersehnt, nachdem die zwei Söhne schon zehn und zwölf Jahre alt waren. Brigitte hatte sich damals schlecht gefühlt, unausgefüllt und von ihrem Ehemann vernachlässigt. Er war ein bequemer Mann, etwas träge in seinen Gefühlen, aber treu und gutmütig. Sein Beruf als Rechtsanwalt erfüllte ihn ganz und gar und Brigitte hatte nicht das Gefühl, dass sie daneben gar so viel Bedeutung hatte.

Da war Susanne eine Art Rettungsengel gewesen. Sie war eine wundervolle Unterhaltung für Brigitte, man konnte stolz auf sie sein und auch der Vater schien wieder mehr Interesse für seine Familie zu haben. Brigitte beschäftigte sich mit Susanne sehr viel mehr als mit den Söhnen. Die von vielen Eltern gefürchtete Pubertät konnte dem guten Verhältnis zwischen Mutter und Tochter genauso wenig anhaben wie die ersten Schwärmereien und Verliebtheiten von Susanne. Brigitte nahm an allem teil, wurde Ratgeberin und »beste Freundin«.

Und nun brachte Susanne – offensichtlich war die ganze Sache ernst zu nehmen – diesen ziemlich unbeholfenen Chemiker mit nach Hause und sprach von Heirat und von Familiengründung. Brigitte wäre jederzeit froh gewesen, wenn die 29-jährige Susanne sich nach vielen kleineren Liaisons nun ernsthaft mit einem Mann verband. Aber doch nicht mit diesem halben Kind … War er wirklich auch schon 29? Er wirkte so dünn und blass, Brigitte hätte ihm auch die kürzlich stattgefundene Konfirmation geglaubt. »Ein Bübchen«, so nannte sie ihn, wenn sie mit ihrem Mann über ihn sprach. Der nahm es gelassener: »Alt wird er schon von alleine … Und er soll ja recht tüchtig sein«, meinte er dann noch, »jedenfalls hat er in der Textil-Firma schon eine gute Position.« Ja, das hatte Brigitte auch schon gehört, konnte sich aber nicht gut vorstellen, dass dieser Albert auch das nötige Auftreten haben könne. Schlaksig, nach Worten ringend, immer irgendwie im Weg stehend und sich entschuldigend: Das war nun wirklich kein Partner für ihre strahlende Susanne. Dass sein Vater ein kleiner Handwerker war, das sollte nun wirklich nichts ausmachen – aber manchmal, so dachte sie ganz im Stillen, ist die Kinderstube eben doch wichtig. Es war klar: Albert war der erste und einzige Akademiker in seiner Familie, er benahm sich einfach manchmal linkisch, wusste mit Fischbesteck nicht recht umzugehen und umging jede Anrede, obwohl Brigitte sofort auf das »Du« gedrängt hatte.

Der erste Abend verlief langweilig und bedrückt. Und das Schlimmste: Susanne war offensichtlich auch gehemmt, lief zehnmal in die Küche, um noch etwas zu holen oder zu bringen, obwohl Brigitte dies als unnötig empfand und nur für ein Ausweichmanöver hielt, um der gespannten Situation zu entkommen. Brigitte bemühte sich aber wirklich sehr, Albert zu unterhalten. Aber bei den meisten Themen schwieg er, sagte: »Davon verstehe ich nichts« und wurde rot. Kino, Theater, Literatur? – Ja, er hatte schon einiges gesehen, aber sein Urteil war so flach, dass man nichts damit anfangen konnte. »Sehr schön«, »Hat mir nicht so gefallen«: Das war alles.

Wie sollte sie mit einem solchen Schwiegersohn umgehen? Sie fürchtete die wenigen Treffen, sie gab sich ganz besonders jovial (und damit unnatürlich), als sie in das bescheidene Heim der Eltern in einem kleinen Vorort eingeladen wurde, und fand die ganze Sache ziemlich schief.

Susanne aber schwieg. Brigitte wagte nicht, Susanne auf diese – in ihren Augen missglückte – Wahl anzusprechen, und so wurde auch die Beziehung zwischen Mutter und Tochter – früher so lebendig und mitteilsam – betreten und ein wenig kühl.

Brigitte sah der Hochzeit, die nun wirklich anberaumt werden sollte, mit Bangen entgegen. Als Susanne auf einem Essen im eleganten Hotel »Herzog« bestand, entfuhr es Brigitte allerdings: »Und du meinst, dass sich da die Familie wohl fühlen wird?«, was Susanne mit einem schnippischen »Gib nicht so an, Sozialarbeiter sind auch nicht gerade die Spitze der Gesellschaft« quittierte. Das saß tief, das überstrahlte die Hochzeit und Brigitte wunderte sich nicht, als Susanne während der nächsten Wochen offensichtlich deprimiert war und sich wenig meldete. Alles Strahlen war vergangen. Sollte das wirklich ihr erster und letzter Schwiegersohn werden?

Brigitte hoffte auf die Scheidung.

Susanne hatte sich also in einem Punkt als nicht »perfekt« erwiesen: in der Wahl des Ehepartners. Brigitte ging den Gründen dafür gar nicht nach, sie urteilte von sehr äußerlichen Merkmalen her und war gekränkt, dass ihr »bestes Produkt«, ihre Tochter, sich nun als fehlbar erwies. Sie dachte voll Wehmut an frühere, sehr viel strahlendere Bewerber, sogar ein junger Professor war darunter gewesen und Brigitte hatte dies als eine standesgemäße Beziehung angesehen. Dass dieser sich als recht engherzig und herrisch erwiesen hatte, war ihrem Gedächtnis entschwunden – obwohl doch sie selbst Susanne damals in stundenlangen Nachtgesprächen abgeraten hatte. Susanne als ein »Gesamtkunstwerk«: Das war nun zerstört, und vielleicht kann man sich in Susanne hineinversetzen, deren leichte Depression auch damit zu tun hatte. Sie ärgerte sich über ihre Mutter, wollte sie gar nicht gerne anrufen und war jedes Mal wütend, wenn gegen Ende eines Gespräches nur ein teilnahmsloses »Albert geht's gut?« ertönte. Konnte sich ihre Mutter, die sich doch immer so sehr um Susanne gesorgt hatte, sich Gedanken gemacht hatte um jede kleinste Prüfung, um Freunde und Freundinnen, denn überhaupt nicht einfühlen in die Situation ihrer Liebe zu Albert? Was wusste sie schon davon, wie witzig er sein konnte, wie zärtlich, und davon – da war sie sich sicher –, dass irgendetwas »Besonderes« an ihm war. Aber ihre Mutter mit dem freundlichen Konversationston machte Albert unsicher. Natürlich, er war kein geschickter Unterhalter, seine Geistesgaben, so dachte Susanne plötzlich zu ihrem eigenen Schrecken, waren an die geistig biedere Mutter einfach »verschwendet«. Aber wenn Susanne so dachte, dann bekam sie ein schlechtes Gewissen, rief sofort ihre Mutter an, um ihr dann nichts Rechtes sagen zu können. Albert auszusparen hieß: das Wichtigste in ihrem Leben auszusparen.

Brigitte hatte ein schweres Herz, wenn sie an Susanne dachte, an die schönen vergangenen Zeiten, als Susanne noch »ihr« Kind gewesen war und Brigitte sich im Glanz der Tochter sonnen konnte.

Dass Susanne, die ihre Pubertät offenbar versäumt hatte (da war so viel Interessantes zu bewältigen gewesen: Kunst und Kultur und daneben noch die Schule und dann die ersten Schwärmereien ...), jetzt diese Trennung von der Mutter nachholte – auf diese Idee kam Brigitte nicht. Sie war immer der Überzeugung gewesen, dass die Pubertät nur eine Entschuldigung für schlechte Erziehung sei, ihr war das mit Susanne erspart geblieben. Dass die Trennung vom Elternhaus – und in ihrem Fall ganz speziell von der Mutter – eine notwendige Phase für die Persönlichkeitsentwicklung eines Menschen darstellt: Das hatte Brigitte nur in den Büchern gelesen. Wie das konkret aussehen konnte, war ihr nie klar geworden. Nun, da sie es erlebte, konnte sie damit nichts anfangen, konnte es auch nicht als einen für ihre Tochter vielleicht wichtigen Schritt sehen. Und natürlich war an all dem nur der langweilige Schwiegersohn schuld, der ihr die Tochter irgendwie (war es »das Bett«?) entfremdete. Susanne, die kluge Überfliegerin, aber wusste genauso wenig wie die Mutter, warum dies alles so gekommen war. Sie wusste nur, dass sie Albert liebte und nötig hatte und dass sie mit ihm sehr glücklich war, wenn es ihr gelang, den Gedanken an die Mutter auszuschalten.

Susanne und Albert wohnten im selben Ort wie die Mutter, häufigere Treffen wären also wohl angesagt gewesen. Aber nach der Hochzeit tat sich in dieser Beziehung nicht viel. Susanne rief nicht allzu oft an, immer war es Brigitte, die sich um Kontakt bemühte, zum Kaffee einlud oder irgendein besonders nettes neues Restaurant fand, in das sie und ihr Mann baten. Solche Einladungen hinterließen bei Brigitte immer wieder ein etwas vages Gefühl. Ja, doch, der Abend war eigentlich nett gewesen, man hatte viel Smalltalk gemacht – Albert war dabei etwas schweigsam gewesen; ab und zu hatte Brigitte sich bemüht, irgendein wirkliches »Thema« anzuschneiden, die politische Lage oder eine Buchbesprechung – Albert hingegen hielt sich lieber an den Schwiegervater, mit dem er gerne Rechtsprobleme besprach. In seiner Firma hatte man mit neuen Methoden der Unternehmensführung angefangen und Albert interessierte sich wirklich dafür, wie diese Methoden eventuell die rechtlichen Grundlagen der gesamten Firma verändern könnten. Hugo, Brigittes Mann, der ja Rechtsanwalt war, zeigte sich erstaunt über den juristisch begabten Kopf seines Schwiegersohnes. »Der wäre ein Top-Jurist geworden«, sagte er oft nach solchen Treffen zu seiner Frau, »aber in seinem Metier ist er vermutlich genauso gut.« Brigitte fand einen gewissen Trost an solchen Sprüchen. Also hatte Susanne doch nicht so ganz »unter ihrem Niveau« gewählt? Warum aber diese Hemmungen? Noch immer wurde Albert rot im Gesicht, wenn seine Schwiegermutter ihn direkt ansprach, noch immer hatte er ihr nichts weiter zu sagen als die allerbanalsten Dinge. Er entblödete sich nicht, ziemlich lange über das Wetter zu reden, über den Abkürzungsweg, den sie gerade zum Restaurant genommen hatten, und Ähnliches.

Sie hoffte auf ein Baby; das wenigstens würde dann doch die Kontakte enger knüpfen. Sie war Großmutter zweier Enkeltöchter, die aber sehr weit entfernt wohnten; so sehr sie diese beiden auch mochte: Der Kontakt war eben doch bei jedem der eher seltenen Treffen wieder von neuem herzustellen und sie war es ein wenig leid, immer nur diejenige Oma zu sein, die sich durch Geschenke beliebt machen musste. Wie schön wäre da ein Enkelkind »vor Ort« gewesen. Anspielungen in diese Richtung aber wurden von Susanne zurückgewiesen: »Beruf, Aufstieg, Unsicherheit, wo man schließlich etwas finden würde…«, all dies führte sie etwas vage an, und Brigitte hatte wieder einmal Scheu nachzufragen.

Brigitte war traurig, wenn sie an ihre Tochter dachte. Hätte sie doch nur anders gewählt…! Einen lebendigeren, einen richtigen »Mann«, einen, der auch ihr Haus wieder mit Leben erfüllte, wenn er da war.

Brigitte hatte im Laufe ihres Berufslebens Einblick in viele unterschiedliche menschliche Verhältnisse gewinnen können – sie hatte auch sehr oft Konflikte und Beleidigungen schlichten und erörtern können. Nur hier, in ihrem ureigensten Bereich, gelang ihr das nicht? Hugo wusste nie, wovon sie redete. »Wieso, was ist los? Die beiden leben einfach ihr eigenes Leben – was willst du? Es gibt doch gar keinen Krach!?« Nein, Hugo konnte nicht verstehen, weshalb ihr das Herz so schwer war, wenn sie an Susanne dachte, an ihre glänzende Susanne, mit der sie so viel besprochen hatte, die so vertrauensvoll gewesen war und jetzt nur mehr so wenig wirklich Persönliches von sich zeigte. Sollte sie dies mit ihr ansprechen? Sie scheute sich davor. Wenn sie nun noch mehr kaputtmachte? Denn dass irgendetwas »kaputt« war, ließ sie sich von Hugo nicht ausreden.

Brigitte hatte eine gute Freundin, mit der sie viele persönliche Probleme besprechen konnte. Allerdings: Sie erinnerte sich dann doch mit einiger Beklemmung, dass ebendiese Freundin Margit vor einigen Jahren einige kritische Bemerkungen in Bezug auf Susanne gemacht hatte. Was war es nur gewesen? Brigitte hatte damals längere Zeit den Kontakt gemieden, weil sie sich vollkommen missverstanden gefühlt hatte. Worum war es gegangen? Irgendeine Verstimmung zwischen ihr und Susanne – vorübergehend nur –, und Margit hatte gleich aus einer Mücke einen Elefanten gemacht. Von schlechter Ablösung war die Rede gewesen und davon, dass Susanne ein Starlet sei. Na ja, das war lange her, und Margit hatte seither schon öfters zugegeben, dass Susanne wirklich etwas »Besonderes« sei – nicht zu vergleichen übrigens mit ihrer eigenen Tochter, die – eine nette junge Frau – sich für den Beruf der Hebamme entschieden hatte und damit auch recht zufrieden schien.

Brigitte hatte natürlich nie eine Bemerkung über die Verschiedenartigkeit der beiden gemacht, aber für sie war klar, dass Margit vermutlich ein wenig neidisch sein müsste bei diesem offensichtlich zu Susannes Vorteil ausgehenden Vergleich. Er war aber, wie gesagt, nie thematisiert worden.

Brigittes Kummer aber drückte sie von Tag zu Tag und von Telefonat zu Telefonat mehr. Manchmal spürte sie schon beim Aufwachen, wie sich ein eiserner Ring um ihre Brust legte. Was hatte sie getan? Hatte sie etwas falsch gemacht? War dieser elende Albert daran schuld? Hetzte er Susanne vielleicht sogar gegen die Mutter auf? Sie konnte sich das eigentlich bei diesem langweiligen Bübchen gar nicht vorstellen. Höflich war er ja, aber was besagte das schon? – So sinnierte sie hin und her und schüttete schließlich bei Margit ihr Herz aus.

Was sie dann in Margits sehr deutlicher und zu keinem Kompromiss neigender Sprache zu hören bekam, versetzte ihr erstmals einen Schlag. Ihr Bild – nein ihre Bilderflucht, ein ganzes Museum von Bildern sozusagen – von sich selbst und Susanne wurde verdunkelt, verzerrt und verwirrt. Was Margit sagte, war nämlich – fast ohne Beschönigung – Folgendes: Susanne sei sicher ein begabtes und sehr attraktives Mädchen gewesen und ebenso eine attraktive Frau. Aber schon seit langem, eigentlich seit Susannes Pubertät, wundere sie sich über Birgittes uneingeschränkte Bewunderung, in der sie ihre Tochter gefangen hielt. Hätte sie denn nie bemerkt, dass dieses allzu eifrige und strebsame Mädchen ziemlich depressiv gewesen sei? Dass sie unter einer ein wenig arroganten Oberfläche oft recht traurig erschienen sei? Und von Schulkolleginnen ihrer Tochter wisse sie sehr genau, was die Gleichaltrigen über sie gedacht hätten: dass sie nämlich eingebildet und hochnäsig sei, dass man sie zwar bewundern müsse, aber nicht zur Freundin haben wolle. Brigitte warf schwach ein, dass sie doch eine gute Freundin gehabt habe, jenes ein wenig schüchterne Kind des Bäckermeisters, das sehr oft bei ihnen zu Hause gewesen sei. Ja, meinte Margit dann, das sei wohl eine Bewunderin der klugen Susanne gewesen, das sei ihr eingeräumt, aber war es wirklich eine tief gehende Freundschaft, wie vor allem junge Mädchen sie pflegten? Konnte Brigitte allen Ernstes meinen, dass ihre Gesellschaft für Susanne genug gewesen sei? (Brigitte ertappte sich dabei, dass sie genau dies gedacht hatte.)

Nun, Susanne also sei ein recht einsames Kind gewesen, ein einsames junges Mädchen, und man hätte in der Kleinstadt auch immer das Gefühl gehabt, dass ihr die »Verehrer«, die sie wegen ihres hübschen Aussehens hatte, nicht allzu viel bedeuteten. Nun aber zu Albert. All dies sei nun, da sie zum Studium weggegangen sei, offensichtlich anders geworden: Albert sei ihre »große Liebe«, das hätte sie von einer Kommilitonin von Susanne gehört. Er sei absolut kein »Zufall«, kein »Missgriff« – sondern vermutlich genau der Mann, den sie gebraucht habe, um sich aus dem Wertsystem ihrer Mutter zu lösen. Albert nämlich betrachte – das sage sie einfach auf Grund ihrer Beobachtungen von einem Treffen, das Brigitte damals arrangiert hatte – Susanne nicht als Wunderkind, nicht als das ganz besondere Anhängsel ihrer Mutter, sondern als eine selbstständige Frau. Er sei übrigens wohl selbst eine Art intellektuelles »Wunderkind«, ohne dass man dies je in dieser besonderen Form gesehen habe. Susannes Begabungen finde er interessant, aber er sehe in ihr eben auch anderes. Erst dadurch habe Susanne sozusagen ihre Pubertät nachholen können. Das sei ihre, Margits, Meinung, klar, sehr subjektiv, aber vieles spreche dafür. Was Brigitte jetzt mit Susanne erlebe, sei eben genau das, was sie in der Pubertätszeit nicht erlebt habe – jetzt erst scheine Susanne sich freizuschwimmen. Ob Albert der »Richtige« auf Lebenszeit sei, das könne man natürlich nicht sagen, vielleicht sei ja seine Funktion eben dies: Susanne zu lösen …

Brigitte gefiel all dies ganz und gar nicht. Sie hatte doch Susanne nie an sich gebunden. Margit lachte nur: »Wenn man euch beide gesehen hat, ihr wart wie verschworene

Schwestern oder Freundinnen, du hast alles mitgemacht, ihre Musik gut gefunden, ihre Vorlieben in der Malerei, ihre Lieblingsfächer in der Schule – alles war für dich auch gleich spannend –, manchmal dachte man, dass Susanne es ist, die DICH erzieht und nicht umgekehrt. Und dabei ist sie ein kleines arrogantes Biest geworden, das nicht besonders beliebt war.«

Was sollte Brigitte mit diesen Erkenntnissen anfangen – sofern sie überhaupt stimmten? Ihre Ratlosigkeit wurde durch Margits Überlegungen nicht geringer, aber ihre Gedanken gingen nun in eine andere Richtung.

Was tat man mit einem Kind, das in der pubertären Ablösung steckte? Man ließ es gewähren, sofern diese Ablösung ihm keinen Schaden zufügte. Da man sicher nicht behaupten konnte, dass Susanne sich durch ihre Beziehung zu Albert »schädigte« (oder war sie nicht vielleicht doch ein wenig depressiv? – Was aber hatte Margit da doch behauptet? – Sie sei es schon immer gewesen??), musste man sie wohl gewähren lassen. Sie beschloss, nicht mehr so oft anzurufen, sich vielleicht überhaupt ein bisschen weniger mit Susanne zu beschäftigen.

Eines Tages rief Margit sie an. Sie hatte Susanne und Albert zufällig in einem Geschäft getroffen, man sei ins Plaudern gekommen und habe sich, da alle gerade Zeit hatten, auf einen Kaffee zusammengesetzt. Und dabei sei ihr klar geworden, was die kluge und tüchtige Susanne wohl so sehr an Albert anziehe: Sie hätte sich nämlich noch selten im Leben so gut unterhalten wie an diesem Nachmittag. Albert könne ungemein witzig und scharfzüngig sein, er könne Leute geradezu verblüffend genau imitieren und sei überhaupt, wie sie finde, von geradezu stupender Intelligenz. Ein wenig habe er, auf ihr drängendes Nachfragen, auch von seiner Firma erzählt. Offenbar habe er – der nicht nur Betriebswirtschaft, sondern auch Chemie studiert habe (übrigens alles zur gleichen Zeit) – eine Erfindung gemacht, die ihm nicht nur in seiner Firma sehr viel Ehre einbringe, sondern auch anderswo schon Furore mache. Susanne habe erzählt, dass Albert eben so ein Tüftler und Bastler sei – ihr käme er manchmal vor wie ein kleiner Junge, der sich neue Spiele ausdenkt – zum Beispiel unter der Dusche. Da käme er plötzlich noch pudelnass heraus und finge mit umgeworfenem Bademantel an, zu rechnen und kleine Zettel voll zu schmieren. Und das seien dann oft richtig wichtige Neuerungen. Susanne sei offenbar sehr stolz auf ihren Gefährten und strahle ihn gewissermaßen an.

Brigitte war verblüfft, beleidigt und traurig. Man hatte ihr also ihren Schwiegersohn sozusagen »vorenthalten«? Er zeigte sich also nur bei Fremden so, wie er war? Und Susanne: Warum hatte sie nicht gleich berichtet, dass sie einen (etwas ungeschliffenen, wie Brigitte dachte) Diamanten gefunden hatte?

Die Antworten auf diese Fragen lagen zwar auf der Hand, aber es dauerte noch längere Zeit, bis Brigitte damit fertig wurde. Ihr Mann war wenig Hilfe: »Aber ich habe dir doch immer gesagt, dass viel in ihm steckt. Wundert mich gar nicht, dass er ein Erfinder ist ...«, sagte er nur. Brigittes subtile Probleme waren schon immer zu viel für ihn gewesen.

Brigitte betrachtete Albert nun mit etwas anderen Augen. Ja nun, er war schlaksig, nicht sehr beredt – Margit hatte da wohl etwas anderes gesehen? –, aber eigentlich war er doch sehr, sehr freundlich. Langsam, langsam ging ihr auch auf, wie bestimmte Bemerkungen Alberts Susanne zum Lachen brachten – und einmal unbefangen betrachtet, war es wirklich sein etwas trockener Humor, der auch Brigitte zum Lachen bringen konnte.

Brigitte hatte nicht ihren »Traum-Schwiegersohn« bekommen – aber ein »Missgriff« war er sicher nicht. Es kam sogar eine Zeit, damals, als Alberts Mutter langsam und sehr schmerzvoll starb, wo Albert ihr wortlos viel Dankbarkeit zeigte, weil Brigitte wirklich sehr aufopfernd und hilfsbereit war. Es verging kein Tag, an dem sie ihre »Mit-Mutter« nicht besuchte, sie kochte und bettete die Kranke um – kurzum, die Pflege der kranken Frau lastete zu einem Gutteil auf Brigittes Schultern. Alberts Dankbarkeit war deutlich zu spüren – keine Gefälligkeit war ihm zu viel, immer wieder bot er seine Dienste beim Großeinkauf oder bei Fahrten ins Umland an; bei der Beerdigung umarmte er sie und sprach sie zum ersten Mal direkt an: »Du bis eine sehr, sehr gute Mutter« – da brachen sie beide in Tränen aus.

Das Verhältnis zu Susanne entspannte sich natürlich ebenfalls. Nie mehr wurde es allerdings so dicht wie früher – wenn Brigitte sich darüber bei Margit beklagte, lachte diese nur etwas spöttisch: »Erstaunlich, das Kind ist tatsächlich erwachsen geworden, es findet wirklich und wahrhaftig sein eigenes Leben noch etwas wichtiger als das der Mutter ...«

Brigitte findet sich nun darein; sie hofft noch immer auf ein Baby als Ausgleich. Vielleicht wäre es ja ein Mädchen – eine kleine neue Susanne? Bisher hat das junge Paar ihr allerdings den Gefallen noch nicht getan.

Alberts Kommentar

Meine Schwiegermutter ist, alles in allem, schon o. k. Na ja, anfangs war es manchmal schwierig, sie hat sich aber an mich gewöhnt, ich war sicher nicht ihr Traum-Schwiegersohn für die verhätschelte Tochter. Sie wollte einen Professor oder so was für die Prinzessin. Als wir uns kennen lernten, war Susanne auch wirklich noch so ein Blümchen »Rühr-mich-nicht-an«, aber ich habe bald gemerkt, dass die eben nicht nur »höhere Tochter« spielt. Da ist so viel Echtes drunter, wir haben uns sehr bald darauf verständigt, dass ihre Begabungen gerade nicht das sind, was mich besonders interessiert – obwohl, natürlich: Das macht Spaß, solch eine kluge Frau zu haben, ich bespreche auch ganz viel Fachliches mit ihr. Aber wichtiger sind mir bei Susanne eben doch ihre anderen Qualitäten: ihre Wärme, ihr Bemühen um Aufrichtigkeit und natürlich auch ihre erotische Ausstrahlung – eben die ganze Susanne und nicht nur ein Bündel von Begabungen.

Ja, das war schon ein enges Verhältnis zwischen den beiden – ich will das ja auch gar nicht stören: Aber Susanne selbst hat sich da herausgebuddelt, und ich denke, das ist normal.

Nicht selten können gerade sehr geliebte und verwöhnte Kinder schwer loskommen von der mütterlichen Fürsorge. Wenn der Vater – was oft der Fall ist – sich nicht als (liebevolle) Trennwand ein wenig zwischen Mutter und Kind stellt, kann ein Partner eine ähnliche Funktion bekommen. Im besten Fall kann er dies auf eine unauffällig freundliche Weise tun (wie Albert), manchmal aber kann es auch zu handfesten Auseinandersetzungen im Stile von »ich oder sie« kommen. Und im schlimmsten Fall zerbricht daran eine Partnerschaft.

Die eigene feste Partnerschaft ist für alle Menschen eine neue Möglichkeit, Verantwortung für das Leben zu übernehmen, sich als Erwachsener zu fühlen und nicht allen Kummer auf die Eltern abzuwälzen. Es gibt Dinge, die nur der Partner erfahren darf – sonst ist es keine wirkliche Partnerschaft.

Die Erfahrungen eines Schwiegersohnes

Peter bot sich, als er hörte, dass ich an einem Buch über Schwiegermütter arbeite, sofort an, mir seine Erlebnisse mit Schwiegermüttern zu schildern – er hatte nämlich drei davon gehabt, bzw. eine davon ist noch immer seine Schwiegermutter und er hat sie sehr gerne. Er sei »Schwiegermutter-Experte«.

Peters erste Schwiegermutter, so erzählt er, war eine etwas labile Person, einigermaßen hysterisch könnte man sie nennen. Sie überschüttete ihn sofort mit Komplimenten, sie fand seinen Beruf (Psychotherapeut) »wahnsinnig spannend« und erzählte gerne und ausführlich über ihre Erlebnisse mit einem Psychotherapeuten, der – ihren Andeutungen zufolge – sich in sie verliebt hatte, weshalb sie dann mit der Zeit nicht mehr hinging – obwohl, »er war schon ein faszinierender Mann ...« Peter glaubte die Story zwar nicht so recht, aber er zeigte sich interessiert, erzählte seinerseits etwas über merkwürdige Patienten und gab Ratschläge für die Lektüre. Schwiegermutter Nr. 1 vertraute ihm auch an, dass ihre Tochter ein »schwieriger Mensch« sei und wie froh sie sei, dass er, ein reifer Mann (er war aber damals erst 32 Jahre alt gewesen), sich um die »Kleine« kümmere. Ziemlich oft erklärte sie, dass Peter »mehr ein Freund als ein Schwiegersohn« sei. Peter findet dies heute eigentlich ziemlich ungehörig, ihm ist klar, dass die Mutter sich auf Kosten ihrer Tochter mit ihm verbündete und dass er sich dies auch ganz gerne gefallen ließ. Als dann die Ehe auseinander brach – Peter findet seine erste Frau auch heute noch sehr problematisch, aber sich selbst schont er dabei auch nicht! –, war es plötzlich mit der wunderbaren Freundschaft vorbei. Schwiegermutter Nr. 1 schrieb ihm einen recht groben Brief, dass er ihre Tochter »verführt« habe und dass sie nie mehr etwas mit ihm zu tun haben wolle. Von Freunden hörte er, dass sie sich recht ungnädig über ihn ausließ: Sie hätte ja immer schon gewusst, dass er ein Hallodri sei, man könne ihm nicht wirklich vertrauen, beziehungsschwach, wie er sei – und ähnlich freundliche Dinge mehr.

Schwiegermutter Nr. 2 – da war er Anfang 40 und sehr verliebt in seine Frau – war eine einfache Frau, die ihn, wie er meinte, wirklich gerne hatte. Als seine Frau schwanger wurde, weinte sie vor Glück, dankte Gott jeden Tag für die entzückende kleine Enkeltochter und pries das »junge Paar« – gar so jung fühlte er sich allerdings nicht mehr – in den höchsten Tönen. Peter sei solch ein fürsorglicher Mann und Vater, sie habe nun endlich einen Sohn bekommen, das hätte sie sich schon immer gewünscht, mit diesem Schwiegersohn habe sie »auf ihre alten Tage« (sie war eine schon alte Mutter und Großmutter mit ihren 72 Jahren) nochmals ein großes Glück erfahren. Dieses Glück währte nicht sehr lange: Das Töchterchen war kaum drei Jahre alt, als Peters Frau sich Knall auf Fall in ihren Arzt verliebte und ihn verließ. Peter war zuerst untröstlich. Er suchte voll Verzweiflung seine alte Schwiegermutter auf – irgendwie, so meint er heute, hatte er wohl die Hoffnung, sie könne ihre Tochter doch noch zum Zurückkommen überreden. Dieser Besuch aber verlief enttäuschend. Seine Schwiegermutter war steif und kalt, meinte, sie könne sich da nicht einmischen, und wo zwei sich auseinander gelebt hätten, da wären wohl beide Teile schuld. Peter wollte seinen eigenen Anteil an einer gewissen Entfremdung gar nicht leugnen, aber ihm schien, dass er so sehr viel gar nicht falsch gemacht hatte, er wollte Verständnis von dieser alten Frau, die ihn doch vor kurzem noch so sehr gepriesen hatte. Aber augenscheinlich war sie nicht zu irgendeiner überlegenen Sicht der Dinge imstande. Er hatte den Eindruck, dass sie einfach die Worte ihrer Tochter übernommen hatte und ihn gar nicht gerne anhören wollte. Später hörte er, dass sie sich recht unfreundlich über ihn äußerte und den neuen Schwiegersohn in denselben hohen Tönen pries wie einstmals ihn.

Peter hat sich lange Zeit nicht gebunden. Als er eine Frau fand, von der er nun wirklich überzeugt war, ging er auf die fünfzig zu. Auch seine Frau war nicht mehr ganz jung, und dementsprechend war natürlich auch die Schwiegermutter schon eine – leider öfters kranke – alte Frau. Bis heute allerdings findet Peter sie »einfach wunderbar« und wird von ihr offenbar auch geliebt. Obwohl nicht gerade wohlhabend, bestand sie auf einer großen und schönen Hochzeit, zu der sie sehr viel beisteuerte. Bis heute ist das Einvernehmen ungetrübt. Peter freut sich darüber – aber er ist auch vorsichtig geworden: »Schwiegermütter müssen parteiisch sein, da haben wir keine großen Chancen« – das ist sein Resümee.

Natürlich ist das ein Einzelerlebnis, und nicht immer gehen die Verhältnisse zwischen Schwiegermüttern und Schwiegersöhnen auf diese Weise zu Ende. Aber dass diese Dynamik recht oft möglich ist, das kann man allerdings immer öfters beobachten. Die Bindung an die eigenen Kinder ist eben dann doch sehr viel inniger. Wenn diese – und dies ist ja sehr oft der Fall – Loyalität verlangen, dann fällt die Wahl nicht schwer. Die Identifikation mit den Töchtern ist dann, selbst wenn die Beziehung vorher gar nicht so eng war, eben doch wichtiger.

Das gute alte Cliché von der bösen Schwiegermutter und ihrer Schwiegertochter

Was macht die Beziehung Schwiegertochter–Schwiegermutter bei manchen Familien so besonders problematisch – sodass wir in der Literatur vor allem diese Konstellation thematisiert finden? Üblicherweise wird die »Konkurrenz« um einen geliebten Sohn als Ursache angenommen. Das kann durchaus auch eine Rolle spielen. Es gibt aber noch andere Gründe – und die liegen in den Schwierigkeiten, die sich in vielen Fällen (in unseren Kleinfamilien) von der Mutter-Tochter-Problematik ableiten lassen.

Mütter und Töchter stehen oft in einem ganz besonderen Spannungsfeld. Die Konkurrenz zum Ehemann/Vater ist sicher eines der Elemente: Parentifizierungen von der einen oder anderen Seite sorgen in unseren oft recht krisenhaften Familien häufig für Probleme bei der Entwicklung einer weiblichen Identität. Muss man der Mutter wegen der vielen bösen Taten des Vaters als »Klagemauer« dienen, dann stärkt dies zwar die Bindung zwischen Mutter und Tochter – aber es klappt dann nicht so recht mit dem Flügge-Werden. Ist die Tochter die Vertraute des Vaters, dann kann unter Umständen Verbitterung auf beiden Seiten herrschen. Viel mehr als Söhne eignen sich eben oft die Töchter zu dieser Rolle des Partnerersatzes.

An der Mutter werden von den Töchtern infolge der nahen Bindung oft gerade besonders diejenigen Eigenschaften verabscheut, die man selbst vielleicht in sich angelegt fühlt.

Bewusst oder unbewusst: Die Mutter wird verantwortlich gemacht, wenn man allzu dicke Oberschenkel hat oder der Busen zu klein ist. Egal, wie man all dies rationalisiert (»Habe ich von ihr geerbt«, »Hat mich überfüttert« etc.) – viel eher als der Vater wird die Mutter für alle Unannehmlichkeiten zur Verantwortung gezogen.

Mütter selbst haben mit ihren Töchtern ebenfalls oft Schwierigkeiten. Sind sie sehr darauf eingestellt, Söhne zu erziehen (und gar nicht selten gibt es Frauen, denen dies sehr liegt, vielleicht weil sie viele Brüder hatten oder sich gerne von Männern umschmeicheln lassen), dann kann die Tochter abgewertet werden – gerade weil sie das gleiche Geschlecht hat wie die Mutter, die möglicherweise ihrem eigenen Geschlecht etwas ambivalent gegenübersteht.

Alle diese oft sehr starken Gefühle werden in unseren Kleinfamilien sehr viel ausgeprägter durchgespielt als beispielsweise in großen Familien, wo beiderlei Geschlechter vorhanden sind und wo die Erziehung sich auf allerlei Verwandte und Personal stützt. Die enge Bindung in der Kleinfamilie hitzt solche Gefühle (die vermutlich allgemein menschlich sind) in besonderer Weise auf und erzeugt daher recht schnell Überempfindlichkeiten. In dieses ambivalente Geflecht von Gefühlen kommt nun eine neue »Tochter« hinein – sie wird unter Umständen »Erbin« schwieriger Mutter-Tochter-Konstellationen.

Zwei erwachsene Frauen? – Das ist schwierig

Karin hat drei Kinder: zwei Söhne und eine Tochter. Diese Tochter, eine nunmehr verheiratete Mutter eines Mädchens, wird von Karin noch immer umsorgt und bemuttert, als lebte sie noch zu Hause. In gewisser Weise tut sie das auch: 10 Minuten Autofahrt und sie kann ihre zweijährige Tochter jederzeit abgeben. Wenn Gäste kommen, bereitet Mama schon mal die Vorspeise zu, und die großen Feste werden sowieso von Karin bestritten. Weihnachten, Ostern, Geburtstage – die tüchtige Karin hat alles in der Hand. Die Söhne gehen ihre eigenen Wege, das ist recht so. Karin bewundert sie. Beide haben sehr gute Berufsausbildungen gemacht und stehen ihren Mann. Karins Mann ist ein nunmehr pensionierter Techniker gewesen, der recht gut verdient hat; mit seiner Rente und dem, was Karin noch aus ihrem Erbe beisteuert, kann man gut leben. Die Tochter Renate ist dankbar für alles, was ihre Mutter für sie tut. Sie arbeitet einige Stunden in der Woche in einem Textilgeschäft und berät vor allem Kunden, die Dekorationsstoffe kaufen. Da geht sie schon mal in deren Häuser, stellt Farben zusammen und betätigt sich ein klein wenig als Innenausstatterin. Dass das kleine Mädchen in diesen Stunden von der Mutter betreut wird, ist sehr praktisch: Man spart die Babysitterin, die ja sonst mit ihrem Gehalt das verdiente Geld wohl wieder aufbrauchen würde. Alles ist zur allseitigen Zufriedenheit gelöst.

Karin äußert sich über die Situation – die sie im Übrigen genießt – zu Freunden etwa so: »Die Renate ist halt noch immer ein halbes Kind (sie ist 30!), immer irgendwie schusselig, kann sich schlecht organisieren, die braucht schon noch meine Hilfe. Mit dem Kochen hat sie es ja noch nie so recht gehabt ...« etc. Mit einem Wort: Karin traut Renate wenig zu, behandelt sie als nicht ganz zurechnungsfähig und ist sehr froh, dass dies so ist.

Nun aber kam ihr Ältester mit dieser neuen bildhübschen Frau an, die bereits ein großes Modegeschäft leitete und vermutlich eine ganze Menge Geld verdiente. Natürlich war sie sehr elegant gekleidet, besaß ausgezeichnete Manieren und überhaupt war an ihr nichts auszusetzen. Kochen konnte sie noch dazu – zumindest, wenn man ihr so zuhörte, wie sie fachmännisch über neue Zubereitungsarten von Fleisch à la Siebeck oder mittelmeerische Fischspeisen redete.

Sie trat recht selbstsicher auf – aber Karin musste zugeben, dass sie dabei in keiner Weise unangenehm war, eher wirkte sie sympathisch in ihrer Kompetenz. Ihre Meinungen waren ausgefeilt und klar, und sie hielt sich damit nicht zurück. Als am Mittagstisch die Rede auf den Papst und seine veralteten Vorstellungen von Sex, Homosexualität und Abtreibung kam, vertrat sie ihre sehr modernen Vorstellungen so präzise, dass Karin, die eigentlich für ein Verbot der Abtreibung war und Homosexualität doch als ein wenig »unnatürlich« ansah, nichts Rechtes dazu einfiel. Sie stimmte lahm zu, warf irgendeine etwas unklar formulierte Gegenrede ein und schwieg dann.

Das war für Karin eine ungewohnte Rolle. Ob sie die neue Schwiegertochter Birgit (denn dass sie das werden sollte, war klar!) wirklich mochte? Sie wusste es nicht so recht. Nach dem ersten Besuch musste sie sich eingestehen, dass sie sich einfach in ihrer Gegenwart nicht wohl gefühlt hatte.

Was tun? Auf jeden Fall wollte sie keine »böse« Schwiegermutter sein. Und so tat sie alles, was sie auch ihrer eigenen Tochter an Gutem antat: Sie buk Kuchen für Birgit und ihren Sohn, sie kaufte dauernd irgendwelche Geschenke und schickte sie in den weit entfernten Wohnort der beiden, sie telefonierte. Letzteres fiel ihr zunehmend schwer. Sie wusste nicht, was die Schwiegertochter interessieren könnte, ihre eigenen kleinen Alltagserlebnisse erschienen ihr banal, und Birgit tat auch wenig dazu, die Gespräche lebendiger zu machen. Birgit war einfach höflich, aber Karin vermisste die Wärme. Mit der Zeit beschlich sie das Gefühl, in Birgits Augen langweilig zu sein, ja, von ihr verachtet zu werden. Eigentlich konnte man nicht sagen, dass Birgit in irgendeiner Richtung Abfälliges tat oder sagte – aber Karin fühlte sich einfach unsicher.

Wie unkompliziert war das Leben mit der eigenen Tochter – dort fühlte sich Karin immer am rechten Platz. Bei Birgit und ihrem Sohn war sie überflüssig. Das besserte sich auch nicht, als die beiden kurz hintereinander zwei Jungen bekamen. Aus der Ferne schickte sie zwar dauernd Strampelanzüge und Spielzeug, waren die vier aber zu Besuch, dann wusste sie nicht, wie sie sich verhalten sollte. Birgit schien alles zu wissen, hatte dauernd irgendwelche medizinischen oder psychologischen Bücher zur Hand und korrigierte – höflich wie immer – die Schwiegermutter, wenn sie sich auf eigene Erfahrungen berief. Karin musste sich eingestehen: Sie war froh, wenn die beiden wieder abreisten.

Dass zwei erwachsene Frauen in ihren unterschiedlichen Fähigkeiten auch nebeneinander existieren können, hatte Karin noch nie erlebt. Männer: Das war etwas anderes. Die wurden erwachsen – aber Frauen? Da war Karin für immer diejenige, die die Dinge in die Hand nehmen musste. Eine andere tüchtige und selbstständige Frau war ungewohnt und ein Novum, und Karin war nicht fähig dazuzulernen.

Birgit bedauerte es, dass sie mit ihrer Schwiegermutter so wenig verband. Eigentlich fand sie diese ganz nett; aber warum musste sie sich immer so merkwürdig knapp und kühl äußern? So empfand sie das wenigstens. Konnte man nicht einfach auf der Ebene gemeinsamer weiblicher Erfahrungen miteinander plaudern? Musste sie immer etwas beleidigt tun, wenn Birgit mit ihr einkaufen ging? Und gar, wenn sie ihr etwas schenkte ... »Es wird dir vielleicht nicht gefallen, aber du kannst es umtauschen ...«, war jedes Mal ihre Rede, wenn sie zu Weihnachten oder zum Geburtstag mit einem Geschenk ankam. Birgit hatte noch nie Missfallen geäußert, im Gegenteil: Sie fand, dass Karin einen guten Geschmack hatte und hatte sich auch, wie sie fand, immer herzlich und ehrlich erfreut bedankt.

Aber zwischen ihnen stimmte einfach »die Chemie«

nicht, wie Karin bald einmal im Freundeskreis verkündete. Dies, so dachte sie, ließ sich einfach nicht ändern.

Und dabei blieb es.

In diesem Fall hat vor allem Birgit offenbar nicht genau hingesehen. Birgit war in einem Männerhaushalt aufgewachsen, drei ältere Brüder und der Vater waren richtige »Durchstarter«, und Birgit tat alles, um nicht ins Hintertreffen zu geraten. Dass sie nach ihrem gut absolvieren BWL-Studium rasch eine leitende Stelle erhalten hatte, erfüllte sie mit Stolz. Eines aber hatte sie sich immer geschworen: nie, nie so zu werden wie ihre Mutter. Diese hatte sich ganz auf den Haushalt und die Bemutterung der Kinder zurückgezogen, gab sich demütig und verschreckt; sie jammerte ab und an, wenn eines der Kinder in irgendeiner Weise nicht ganz ihrem Ideal entsprach (dabei handelte es sich um Bagatellen wie unaufgeräumte Zimmer oder laute Musik), konnte sich aber nie durchsetzen. Von Ehemann und Söhnen nicht ernst genommen und meist etwas unwirsch abgetan, klammerte sie sich an die Tochter. Birgit hatte Mitleid mit ihr – aber zu einem stärkeren Gefühl konnte sie sich schon seit der Pubertät nicht aufschwingen.

Was sah sie nun in Karin? Sie guckte offenbar auch nicht ganz genau hin – auch in Karin witterte sie sofort das »Muttchen« – und benahm sich dementsprechend. Nie unhöflich oder respektlos – aber ebenso wenig bemühte sie sich, Karin wirklich in ihren Stärken kennen zu lernen. Karin war alles andere als eine demütige Nur-Hausfrau. Zwar hatte sie nicht Birgits Bildungshintergrund und war auf diesem Gebiet auch schnell zu verunsichern. Aber in ihrem kleinen Kreis regierte sie mit starker Hand, war umsichtig und besorgt und spielte übrigens in ihrer Heimatstadt im Freundeskreis durchaus eine gewisse dominierende Rolle. Aber Birgit bemerkte nur die mütterlichen Züge, und die erinnerten allzu sehr an die eigene Mutter. Kuchen backen, Strampelanzüge schicken –

gut und schön ... aber wären zwischen zwei Frauen nicht andere Themen zu besprechen? Birgit interessierte sich zum Beispiel brennend für Fragen der Frauenemanzipation. Karins Meinung zu bestimmten Fragen aber schien ihr so flach, dass sie gar nicht erst probierte, sich darauf einzulassen. Mit einem Wort: Birgit nahm Karin nicht ernst (hatte das nie getan) und dementsprechend reagierte Karin mit großer Unsicherheit. Aus mangelndem Interesse an allzu persönlichen Dingen und einer gewissen Nonchalance seiner Mutter gegenüber war auch ihr Mann nicht imstande, hier einzugreifen und seine Mutter zu verteidigen, wenn Birgit ein wenig abwertende Bemerkungen über sie machte. Es war, wie es war – auch er war der Meinung, dass eben »die Chemie nicht stimmte«.

Die Frau, die ihm entspricht

Rita war eine selbstständige Frau, die mit ihrem Kosmetiksalon immer die Hauptverdienerin in der Familie gewesen war. Ihr Mann, ein Beamter ohne große Karrierechancen, war immer – freundlich und hilfsbereit – im Hintergrund da gewesen und versorgte zu »Stoßzeiten« die Familie. Sogar Weihnachtsplätzchen hatte er gebacken, und die kleine Tochter hatte einmal im Kindergarten geäußert, dass sie »zwei Mamis« hätte, beide könnten kochen. Das war dem Vater, als die Erzieherin es lachend erzählte, nicht ganz angenehm gewesen, weil in der Kleinstadt damals die Männeremanzipation noch nicht sehr weit fortgeschritten gewesen war. Später allerdings erzählte er es voll Stolz: Er war ein Mann des Fortschritts! – Auch so konnte man es dann deuten.

Rita war zufrieden mit der Arbeitsteilung und damit, dass ihre Familie »funktionierte«. Tochter Irma war eine etwas ernste junge Frau, die sich mit Leib und Seele der freiwilligen Arbeit bei Greenpeace verschrieben hatte und ihren Beruf als Arzthelferin sehr sorgsam und mit viel Umsicht ausübte. Sie hatte sich, als sie Anfang zwanzig war, eine kleine Wohnung genommen, und seit einem Jahr lebte dort auch ab und zu ein sehr sympathischer Student, den sie offensichtlich sehr gerne hatte. Jedenfalls brachte sie ihn manchmal auch in die Familie mit und Rita war es zufrieden. Mit der Tochter verstand sie sich gut, sie berieten den neuen Einkauf, sie wussten gemeinsam so gut wie über jeden Einwohner der Stadt Bescheid, hatten irgendeine Geschichte parat und freuten sich, ihre Erfahrungen austauschen zu können. Rita hoffte, dass Irma eines Tages mit ihrem Freund zusammenziehen würde und dies vielleicht sogar – aber da war Rita unkonventionell – durch eine Ehe bekräftigen würde. Das aber schien noch Zeit zu haben.

Anders war es mit Frank, dem Sohn. Frank war nie so »pflegeleicht« gewesen wie Irma, aber Frank war das »interessantere« Kind, das vielerlei Begabungen und Interessen hatte, sich einmal sogar – und das hatte Rita dann doch allzu übertrieben gefunden – tätowieren ließ (»Kann man das auch wieder abmachen?«, war ihre erste entsetzte Frage gewesen) und alle möglichen immer wieder wechselnden Moden mitmachte. Bart, lange Haare, Irokesenschnitt, linke Ideologie, Esoterik, zerlumpte Kleider, ein Armani-Anzug: Alles war schon mal dran gewesen, nicht immer zur Begeisterung Ritas, aber immer irgendwie interessant und Anlass vieler Diskussionen. Natürlich sprach sie auch mit Irma sehr viel über den etwas »schrägen« Sohn und Bruder – aber beide liebten ihn ganz ohne Vorbehalte und versuchten, sich in ihn jeweils einzudenken. Frank studierte Architektur, ein wenig lange, wie Rita fand, aber schließlich sollte er sein Leben auch ein wenig mehr genießen können, als sie selbst und ihr Mann das in den schweren Kriegs- und Nachkriegszeiten gekonnt hatten. Frank hatte natürlich auch Freundinnen, Rita reihte sie meist umstandslos in ihre Familie ein, wusste aber mit ziemlicher Sicherheit, dass keine von ihnen wirklich »die Richtige« gewesen war. Bis dann Katrin kam – Rita spürte sofort, dass dies eine andere Sorte Freundin war. Nicht nur war die Verliebtheit der beiden wie ein elektrisches Fluidum, das den Raum fast greifbar ausfüllte. Katrin war auf eine strenge Art schön, wie Frank dies liebte, sie war resolut und doch liebenswürdig und charmant. Rita wusste, dass man jetzt mehr als früher Acht geben musste, sich dieser Schwiegertochter auf die richtige Weise zu nähern.

Rita nahm Katrin natürlich äußerst liebenswürdig auf. Nach Weihnachten hatte Frank sie ins Haus gebracht, und das gab Rita die Gelegenheit, ihr Talent als begabte Einkäuferin und gut organisierte Hausfrau zu beweisen. Sie kaufte für Katrin ein bezauberndes seidenes Nachthemd, sparsam kurz geschnitten – Katrin schwebte darin wie ein dunkelhaariger Engel, als sie es der Familie vorführte. Dankbarkeit und Entzücken waren echt, Katrin fühlte sich im gemütlichen Haus mit dem vielen guten Essen und vielen Verwandtenbesuchen wohl. Man fand allgemein, dass Frank sehr gut gewählt hatte, und Rita fand dies auch. Sie war stolz darauf, dass ihr Sohn, wenngleich noch immer mit dem Studium nicht ganz fertig, eine solch schöne und auch wohl kluge promovierte Biologin (Rita war sich nicht ganz sicher: oder war es Chemie?) für sich gewonnen hatte. Dass er nun endlich auch sein eigenes Diplom als Architekt machen würde, konnte da doch nicht ausbleiben, so hoffte sie. Sie hatte ja immer gewusst, das er etwas ganz Besonderes war – Katrin bestätigte diese Sichtweise. Mit einer solchen Schwiegertochter konnte man sich im kleinen Städtchen sehen lassen. Rita genoss in diesen Weihnachtsfeiertagen das Spazierengehen, die vielen Bekannten, denen man Katrin vorstellen konnte – sie ließ sich sozusagen auch selbst mit

Franks Errungenschaft bewundern. Irma, wie immer freundlich und gutmütig, überließ der so viel glänzenderen »Schwägerin« offenbar neidlos den Platz an der Sonne des Kleinstadthimmels.

Von da an gab es zwischen Rita und Katrin viele Telefonate, es gab immer wieder hübsche Geschenke, wobei Rita ihr Talent zum Aussuchen origineller Dinge so richtig zur Geltung bringen konnte. Eigentlich, so dachte sie, war Katrin doch so etwas wie ihr eigenes Kind – so geschmackvoll, wie sie sich kleidete, so freundlich und sogar am Kochen interessiert. Gar kein »Blaustrumpf«. Sie würde eine wunderbare Frau für Frank abgeben. Rita hoffte natürlich auch auf Enkel, nun, da Frank wirklich sein Diplom in der Tasche hatte und bei einer großen Firma gar nicht schlecht verdiente. Das Chemiestudium (oder Biologie?) von Katrin schien nicht allzu viel abzuwerfen, da Katrin es sich in den Kopf gesetzt hatte, wissenschaftlich zu arbeiten. Außer immer wieder neu zu beantragenden, schlecht bezahlten Projekten schien es für sie gar nichts Rechtes an Arbeit zu geben. Aber das war nun auch nicht so nötig, dachte Rita.

Rita hatte nun eine zweite Tochter, so dachte sie immer wieder – und welch attraktive Tochter. Die Eltern von Katrin hatte sie noch nicht kennen gelernt, aber – so mutmaßte sie – diese seien vermutlich für Katrin nicht wichtig, da man so wenig über sie erfuhr. Sie wusste nur, dass sie geschieden waren (deshalb, so dachte Rita, war Katrin wohl auch so glücklich, in einer »richtigen« Familie aufgehoben zu sein), beide waren Lehrer am Gymnasium gewesen und hatten jetzt neue Partner.

Offenbar hat Rita aufgrund der Idealisierung des Sohnes sich nicht wirklich bemüht, Katrin kennen zu lernen. Sie betrachtet diese junge Frau eher als eine besonders schöne Verzierung des vergötterten Sohnes. Klar, dass ihm eine solche Frau zufallen musste. Wer diese Frau eigentlich ist, scheint nicht von Belang. Sie wird nach dem eigenen Muster fantasiert, und so scheint Rita sich kaum um Katrins Beruf zu kümmern – für sie ist klar, dass der neben Frank nicht viel Bedeutung haben kann; die Familiengründung wird vorwegnehmend von Rita schon in konventioneller Weise gelöst. Katrin ist offenbar zu großen Teilen als ein Fantasieprodukt von Rita einfach eine neue Tochter mit eben denjenigen Eigenschaften, die ihr für ihre Familie zu »passen« scheinen.

Katrins Familie aber spielte für die junge Frau absolut keine Nebenrolle. Sie hatte die Scheidung der beiden – da war sie aber schon erwachsen gewesen – bedauert, ihre Kindheit aber war dadurch nicht beeinträchtigt gewesen. Sehr viel Zank hatte es auch nicht gegeben; dass ihre Eltern charakterlich nicht so recht zusammenpassten, war ihr erst später klar geworden und sie konnte es gut verstehen, dass die beiden mit anderen Partnern glücklicher waren. Sehr wichtig war für Katrin auch, dass beide Eltern ihre Interessen teilten – beide hatten Naturwissenschaften studiert und wussten, womit Katrin sich beschäftigte. Das hob sie in Katrins Augen aus dem nur-familiären Status heraus. Gespräche mit dem Vater drehten sich häufig um ihre neuesten Projekte, und auch die Mutter konnte sachverständig fragen und Anregungen geben. Dass Katrin bei Franks Eltern darüber wenig erzählte, lag nicht daran, dass ihre Eltern keine Rolle spielten, sondern wohl eher an Ritas Desinteresse. Katrin war nicht der Mensch, der sich anderen mit privaten Informationen aufdrängte.

Katrins Sicht der Situation

Katrin äußert sich vorsichtig und freundlich über ihre Schwiegermutter. »Sie ist sehr bemüht«, meint sie und drückt schon mit diesem Wort aus, dass es da nicht so viel »Natürliches« gibt. Warum sie sich denn »bemühen« müsse?, frage ich Katrin. Nun, sie seien eben recht unterschiedlich, meint Katrin, und man kann spüren, dass ihr diese Unterschiedlichkeit nicht als besonders interessant erscheint. Als ich sie eindringlicher frage, wird sie deutlicher: »Mein Gott, Rita ist eben wirklich ziemlich eng in ihrem Denken. Sie meint es gut mit mir, wenn sie mir solch nette Dinge schenkt, die gefallen mir meist wirklich – aber mir wäre es lieber, wenn sie sich für mich persönlich interessieren würde.« Woran denkt Katrin dabei? »Nun, ich habe ja – erstens: einen Beruf, und zweitens: Eltern und einen Bruder. Meinst du, dass sie mich auch nur ein einziges Mal danach gefragt hat? Dass meine Eltern geschieden sind, habe ich ihr zwar gesagt, aber ihre Reaktion war so blöd, dass ich darüber nie mehr gesprochen habe. Sie meinte damals nur: ›Armes, armes Kind… Scheidungskinder haben doch immer irgendwelche besonderen Schwierigkeiten im Leben‹ – na klar, dass mich dies nicht zum Erzählen animiert hat. Ich habe nämlich beide Eltern sehr, sehr gerne und war auch schon fast erwachsen, als sie sich trennten. Beide sind recht zufrieden mit ihren neuen Partnern und die vier gehen übrigens oft gemeinsam aus. Ich spüre, dass dies die Vorurteile von Rita übersteigt, und spreche daher nicht darüber. Sie hat auch noch nie den Wunsch geäußert, meine Eltern kennen zu lernen – so als ob man sich bei denen wie an einer Krankheit ›anstecken‹ könnte – vielleicht bin ich ungerecht, aber ich empfinde es so.

Und dann mein Beruf: Das scheint ja für sie das Allerletzte zu sein. Ich hatte gerade in der letzten Zeit sehr viel zu tun und wusste nicht, ob unser Projekt – es ist ein Umweltprojekt mit verschiedenen Geldgebern – verlängert wird. Mein Fach Biologie hat mich immer sehr fasziniert und ich möchte unbedingt ›drin‹ bleiben, aber es ist für uns Biologen sehr schwer. Also probiere ich zusätzlich zur Projektarbeit auch noch – innerhalb des Projekts – eine Habilitation zu machen. Ich habe daher oft nicht die Zeit, um mich mit Rita auf einen schnellen Kaffee zu treffen oder mit ihr einkaufen zu gehen. Das wird immer wieder mit ziemlichem

Unverständnis quittiert. Einmal hat sie sogar ganz unverblümt gesagt: ›Na, das mit deinem Beruf, das wird ja wohl nichts – bekommt doch lieber Kinder; das lohnt doch nicht, die paar Kröten, die du verdienst.‹ Und dann hat sie noch vorgeschlagen, ich könne doch – wenn ich selbst Kinder hätte – als Tagesmutter arbeiten. Ich war damals so empört, dass ich sie lange nicht angerufen habe, aber sie hat es gar nicht gemerkt, glaube ich.

Alles in allem: Ich finde Rita nett und freundlich, aber ein wirklich intimes Verhältnis kann ich zu einer solchen Frau nie haben. Frank weiß übrigens von meinem Urteil und teilt es – aber wir verkehren sehr freundlich und auch oft miteinander. Würden wir aber aus dieser Stadt wegziehen – ich würde Rita nie vermissen. Übrigens wäre das bei meinem Schwiegervater anders – der ist irgendwie weniger mit Vorurteilen belastet, scheint mir. Der redet aber wenig …«

Mein Sohn hätte jede haben können

Für Leonie, die verwitwete Mutter eines einzigen Sohnes, gab es nichts auf der Welt als ebendiesen Sohn. Er war in ihren Augen vollkommen. Und tatsächlich war Robert ein viel versprechender junger Mann. Er sah gut aus, seine Schul- und Studienleistungen waren ungewöhnlich gut, wobei er neben seinem Medizinstudium auch noch – so ganz nebenbei – einen Magister in Philosophie machte. Ein offenbar hervorragender Internist (wie sein Vater) war er auch, und dass er eines Tages Chefarzt werden würde, war jedem klar. Und dabei war er so bescheiden! Schon als Schüler hatte er nie in der bei seinen Kollegen üblichen Form geprahlt und aufgeschnitten, seine glänzenden schulischen Leistungen eher heruntergespielt und ohne viel Aufhebens den anderen geholfen. Er war, obwohl still, bei allen beliebt, Leonie beköstigte manchmal bis zu zehn Mitschüler an den

Abenden, an denen die ganze Bande Musik hörte oder sich in irgendwelche philosophischen Diskussionen verstrickte. Denn Robert war offenbar an solchen Abenden auch der Wortführer, trotz seiner ansonsten unauffälligen Art, sich zu geben. Bei Frauen schien er eher schüchtern. Leonie vermutete kleine Verliebtheiten: An manchen Abenden ging er »mit Kolleginnen« ins Theater oder ins Restaurant, da zog er sich besonders gut an und fragte seine Mutter auch, ob sie mit dieser Krawatte wohl einverstanden sei. Man wusste bei ihm in dieser Beziehung nichts Genaues. Als er sich eine kleine Wohnung nahm, fand Leonie das zwar schade, aber Robert rief fast täglich an, kam am Sonntag zum Mittagessen und war so heiter und zugewandt wie immer – ein Mustersohn. Von Frauenbekanntschaften erfuhr man wenig. Manchmal hatte Leonie Angst, Robert könne schwul sein.

Dass dies nicht der Fall war, bewies eine überraschende Anfrage von Robert: Ob er demnächst wohl seine zukünftige Frau mitbringen könne?

Leonie war zuerst verwirrt, aber dann war sie doch froh, dass alles so »normal« verlief. Es stellte sich heraus, dass Robert die »Kollegin« schon seit zwei Jahren kannte. Sie hatte sich damals gerade entschlossen, mit ihrem Freund zusammenzuziehen; Robert hatte nicht aufgegeben, um sie zu werben, und siehe da – dem wohl zu unüberlegt geschlossenen Bündnis war keine Dauer verliehen und Robert ging beim Wettbewerb um die Braut als Sieger hervor.

Nun also sollte Melanie zum sonntäglichen Mittagessen kommen. Leonie bereitete alles aufs Beste vor. Sie hatte sogar noch schnell einen neuen Teppich für das Esszimmer gekauft – den alten zu ersetzen war überfällig gewesen.

Leonie konnte sehr charmant sein, gastfreundlich und liebevoll besorgt. Sie wusste, dass man die zukünftige Schwiegertochter auch nicht mit Lobpreisungen des eigenen Sohnes überfallen durfte, dass man ihr auch nicht mit guten

Ratschlägen kommen sollte, was die Behandlung des Sohnes betraf. Nichts davon tat sie – und trotz allem konnte sie während des ganzen Essens den Verdacht nicht loswerden, dass diese »Schwiegertochter« nicht die Richtige sei – weder für den Sohn noch für sie selbst. Ganz beiläufig erfuhr sie, dass die beiden schon so gut wie zusammenwohnten, dass sie sehr viel mehr an Gemeinsamkeiten hatten, als Robert je erzählt hatte. Leonie fühlte sich ausgeschlossen. Musste sie nun wirklich »ihren« Robert an diese fremde Frau hergeben?

Melanie war höflich, sie sah ganz gut aus, sie schien klug und an ihrem Beruf als Ärztin sehr interessiert. Aber irgendwie schien sie eckig, sperrig, manchmal auch zu vorlaut. »Na, da sieht man doch, wo die Moneten hingehen« – diese Bemerkung hatte sie zwar nur halblaut zu Robert gemacht, als sie einen wirklich recht kostbaren seidenen Wandteppich begutachtete. Aber Leonie empfand diese Bemerkung als recht unpassend und taktlos. Andererseits, wenn man es recht bedachte, konnte man das auch als Naivität bezeichnen. Und Leonie sah sehr wohl, dass Robert sich freute, als Melanie sich ans Klavier setzte und einige Popsongs spielte. Was war daran auszusetzen? Melanies Wahl traf zwar nicht Leonies Geschmack, aber spielen konnte sie ganz gut. Sie war offensichtlich musikalisch.

Leonie konnte es einer Freundin gegenüber nur schwer ausdrücken. »Sie kommt aus einer anderen Welt«, sagte sie hilflos. Beispiele? Leonie wusste nicht sehr viel zu sagen. Dass sie sich für das Essen nicht bedankt hatte? Ach was, die jungen Leute heutzutage legen einfach nicht sehr viel Wert auf gute Umgangsformen. Dazu passte auch, dass sie einfach ohne ein Wort der Entschuldigung vom Tisch aufgestanden war, um auf die Toilette zu gehen. Beim Wiederkommen hatte sie ganz harmlos gesagt: »Musste mal für kleine Mädchen …« – eine Redewendung, die Leonie ganz besonders verabscheute.

»Wer sind denn ihre Eltern?«, fragte sie ganz harmlos ihren Sohn. Der wusste es nicht oder wollte sich darüber nicht auslassen. »Irgendwie Beamte«, murmelte er. Als Leonie herausbekam, dass der Vater Briefträger gewesen war und die Mutter in einem großen Krankenhaus putzen ging, um ihrer Tochter und dem Sohn ein Studium zu ermöglichen, wurde sie verlegen. Ihrem sozialen Sinn musste dies natürlich imponieren. Aber schließlich: Wer war man denn? Und Leonie, die sich immer einiges zugute gehalten hatte auf ihre Mitgliedschaft in der SPD, fing an, sich ihrer Vorfahren zu entsinnen. Diese Reihe war imponierend. Künstler, Wissenschaftler, einige Adelige waren auch darunter, Leonies Mann war immerhin ein bekannter Medizinprofessor gewesen, leider sehr früh verstorben, aber Leonie war immer davon ausgegangen, dass Robert sein Erbe fortsetzen könne. Dazu aber brauchte man eine Frau, die repräsentieren konnte, so dachte Leonie in althergebrachter Art. Sollte das etwa die naive und ein wenig ungeschliffene Melanie sein? Da sah Leonie schwarz.

Leonie ist in einer behaglichen und kultivierten Umwelt aufgewachsen und hat trotz des bitteren Schlages, den der frühe Krebstod ihres gelehrten Mannes ihr versetzte, im Grunde immer so weitergelebt: umgeben von freundlichen Menschen, vielen Verwandten, finanziell gut abgesichert. Weder Kriegs- noch Nachkriegszeiten haben sie in besonderer Weise durcheinander gebracht. Sie hat immer in Gegenden gelebt, wo man vom Krieg nicht gar so viel spürte, in der Familie war großzügig für alle gesorgt worden. Man hatte Manieren, aber man hatte durchaus auch Herz und entwickelte fürsorgliche Qualitäten.

Dass nun ein solch ganz anders geartetes Kind in diese Welt hineinschneit, ist für Leonie peinlich. Schon der Aufzug von Melanie passte ihr nicht so recht: ziemlich verlotterte Jeans und ein nichts sagender grauer Pullover. Besuchte man so zum ersten Mal seine Schwiegermutter? Was sollten von der denn die Patienten denken? (Gut, dass sie in der Klinik wenigstens einen weißen Kittel tragen muss, dachte sie.) Und drückte sie sich immer so schlampig und jargonhaft aus? Leonie hoffte, dass die Verwandten möglichst lange nichts von diesem neuen Familienmitglied (ob es eines bleiben würde? Es sah fast so aus!) erfahren würden.

Robert und Melanie blieben ein Paar (ohne Trauschein) und Leonie resignierte. Das sollte sich also offenbar nie ändern, diese Mesalliance?

Dass von Heirat nicht mehr gesprochen wurde, nahm sie als gutes Omen (für ihre eigenen Wünsche!): Vielleicht sah Robert ja doch ein, dass dies nicht die richtige Partnerin fürs Leben war? Um ihren Sohn nicht zu verlieren, hielt sie allerdings immer eine höfliche Fassade aufrecht; die beiden wurden nach wie vor eingeladen, mal nach Hause, mal ins Restaurant oder auch auf gute Plätze im Theater. Es gab viel höfliche Konversation, aber die alte Herzlichkeit mit Robert war irgendwie verloren gegangen. Leonie freute sich von ganzem Herzen, wenn Melanie Nachtdienst oder Wochenend-Dienst hatte: Dann gelang es ihr manchmal, Robert für sich alleine zu haben und die alte Vertrautheit wiederherzustellen. Obwohl: Da blieb noch immer ein Rest von Schweigen. Natürlich erkundigte sie sich nach Melanies Befinden, nahm aber das obligatorische »Gut, sehr gut« o. Ä. nur mit halbem Ohr zur Kenntnis.

Melanie, so fand sie, war bei ihren gemeinsamen Treffen eher mürrisch. Oft schien sie müde, auch unausgeschlafen, und durch ihr ausgiebiges Gähnen (»'tschuldigung – Nachtdienst«) zeigte sie unverblümt, dass die Schwiegermutter-Besuche nicht dazu dienten, sie aufzumuntern. Sie sah übrigens, wie Leonie meinte, auch gar nicht mehr so gut aus wie zuerst. Immer irgendwie zerzaust, ewig in schlampigem Aufzug – eigentlich ein wenig wie ein graues Mäuschen. Sie hörte durchaus Gutes über die junge Frau als Ärztin: Man fand sie kompetent und sie war liebevoll zu ihren Patienten. Leonie wunderte sich über Letzteres. Zu IHR war Melanie nie liebevoll, eher eben wortkarg und flapsig.

Robert war in ihrer Gegenwart gehemmt; Leonie dachte, dass seine Freundin ihn vielleicht bevormunde, er sich gar nicht viel zu sagen traue. Sie wusste einfach nicht mehr, was sie denken sollte. Jedenfalls hoffte sie sehr auf ein Ende der Beziehung. Von den Eltern Melanies hörte sie nichts. Manchmal wurden Einladungen abgelehnt, weil Robert und Melanie bei Melanies Eltern eingeladen waren, aber solange die beiden nicht verheiratet waren (hoffentlich nie!, dachte sie), musste Leonie, wie sie meinte, auch eine solche Bekanntschaft gar nicht erst anfangen. Was sollte dabei schon herauskommen ...

Leonie konnte sich nicht gut vorstellen, wie Robert und Melanie eigentlich lebten. Zwar kannte sie deren Wohnung – es war ja die von ihr mit eingerichtete, sie hatte sie auch einige Male kurz besucht –, aber wie eigentlich ihr Leben aussah, das blieb ihr unklar. Ab und zu hörte sie etwas von Gästen; natürlich gab es gemeinsame Kollegen – aber wie sich das gesellige Leben abspielte? – Leonie konnte sich nicht vorstellen, dass die immer etwas schlampig wirkende Melanie überhaupt wusste, wie man Gäste bewirtet oder auch nur begrüßt. Vermutlich war das alles Roberts Aufgabe?

Bei einem der eher unergiebigen Treffen mit Robert wollte Leonie nun doch ein wenig mehr wissen über seine Zukunftspläne (mit oder ohne Melanie??), seine Lebensform. Anscheinend harmlos fragte sie: »Heirat ist bei euch wohl nicht geplant?« Worauf er zu ihrer Bestürzung antwortete: »Ach, weißt du – wir legen da nicht so großen Wert auf dieses Brimborium – trotzdem: Im letzten Sommer, damals in dem kleinen Bergdorf, da haben wir geheiratet, nur die

Trauzeugen waren dabei, das sind Freunde, die mit uns gemeinsam Ferien gemacht haben. Niemand weiß davon, auch Melanies Eltern nicht. Wir finden nicht, dass dieser amtliche Akt so wichtig ist.« Leonie wusste nicht, was sie sagen sollte. »Und warum so geheim?«, fragte sie fassungslos. »Ach, wir wollten es dir natürlich mitteilen, aber irgendwie hat es sich nicht ergeben« – das war alles. Viel mehr gab es darüber offenbar auch nicht zu sagen.

Das war, so Leonies feste Meinung, auf Melanies Vorschlag hin passiert. Von dieser Zeit an schlugen ihr Misstrauen und ihre Missachtung der Schwiegertochter in Wut, ja in so etwas wie Hass um. Melanie wurde noch wortkarger und Robert schien sich von der Mutter nun wirklich zu lösen.

Immer häufiger kam Melanie nicht mit, wenn sie einlud, und auch Robert war verlegen und beeilte sich, möglichst schnell loszukommen. Als die beiden in eine andere Stadt zogen (Robert war nun wirklich Klinikchef geworden), blieb der Kontakt nur mehr auf ein bis zwei jährliche Höflichkeitsbesuche beschränkt. »Ich habe meinen Sohn verloren«, sagte Leonie, wenn man sie nach dem Ergehen der beiden fragte.

Melanies Kommentar

»Das ist eine wirklich furchtbare Frau, auch wenn sie noch so höflich und damenhaft tut. Schon am ersten Tag, als wir uns kennen lernten: eisige Atmosphäre, sie musterte mich wie ein Pferd, das man einkauft, ich wusste sofort: Bei der habe ich verschissen, egal was ich tue …« Ob es denn keine Versuche gegeben habe, mit ihr zurechtzukommen? »Doch, ich hab's versucht, bin trotz Nachtdienst und nur drei Stunden Schlaf mitgekommen, habe ihr Blumen gebracht – aber das war alles nichts. Einmal habe ich bei einem Ausflug Wiesenblumen gepflückt, sehr hübsch – Korn-

blumen und Margariten –, die habe ich ihr mitgebracht, als wir zum Kaffee bei ihr waren. Sie hat sich mit diesem oberflächlichen ›Ach wie nett‹ bedankt, und nachher habe ich die verwelkten Blumen in der Küche gefunden. Sie hat sich nicht einmal die Mühe gemacht, sie ins Wasser zu stellen. Es ist wie in blöden Kitschromanen: Ich habe ihr den geliebten Sohn weggenommen und damit war ich eben eine Konkurrentin, die man möglichst ausschalten muss. Ja, aber ich habe mich gerächt: Das mit der heimlichen Hochzeit war meine Idee – aber Robert hat übrigens sehr gerne mitgemacht. Dem geht seine Mutter mit dem ganzen Getue nämlich auch auf den Geist, nur zeigt er es nicht so. Mir ist's jetzt wurscht – soll sie weiter ihre Damenkränzchen pflegen. Nicht mit mir!«

Wer hat hier versagt? Wer hätte das Rad noch herumdrehen können? Ich denke, dass hier beide Frauen die Möglichkeiten nicht genutzt haben. Und auch Robert hätte eine bessere Rolle einnehmen können. Vielleicht wäre es Melanie ja doch möglich gewesen, ein wenig mehr den Ansprüchen ihrer Schwiegermutter zu entsprechen? Schließlich könnte man sich wirklich besser kleiden, wenn man den ersten Besuch macht. Und auch die flapsigen Redensarten kann Melanie im beruflichen Umkreis durchaus sein lassen. Aber es scheint, als ob Melanie, eine ansonst angesehene und durchaus liebenswürdige Frau, von vornherein gewillt gewesen wäre, der sozial so viel besser gestellten Schwiegermutter zu zeigen, dass sie sich davon nicht imponieren lasse. Offenbar hat dann eine Eskalation stattgefunden, die sich nicht mehr stoppen ließ. Der Höhepunkt war dann die heimliche Eheschließung – ein offener Triumph Melanies. Natürlich hat Leonie ein wenig altbackene gesellschaftliche Vorurteile – aber sie ist, alles in allem, doch auch eine eher weichherzige Frau, deren Vorurteile durch ein wenig Wärme und Liebenswürdigkeit schnell aufgelockert werden. Melanie hat es gar nicht erst versucht und Leonie beharrt auf ihren Vorurteilen. Sie hat natürlich die schwierigere Position – und auch das sollte Melanie zu denken geben. Der einzige Sohn einer Witwe ist natürlich nicht nur als Cliché etwas Besonderes. Und dann noch ein solcher Mustersohn! Vielleicht hätte Melanie ein wenig taktvoller mit der Tatsache umgehen können, dass Leonie nun einer solch wichtigen Bezugsperson »beraubt« wird – schließlich könnte man sie doch ein wenig einbeziehen in das eigene Leben? Natürlich ist auch Robert schuld an diesen verworrenen Missverständnissen. Er kennt doch seine Mutter, er weiß um ihre gesellschaftlichen Attitüden – und vielleicht hätte er sie ein wenig klüger auf die Schwiegertochter vorbereiten sollen? Warum besteht er nicht darauf, dass sie die beiden »Mit-Eltern« kennen lernt? Es sind sehr freundliche Menschen, die Leonie sicher auch nett gefunden hätte – trotz ihrer gesellschaftlichen Arroganz. Er hätte wissen müssen, dass sich diese Arroganz im direkten Kontakt schnell einmal auflösen lässt. All dies könnte dazu beitragen, dass Melanie und Leonie sich besser kennen lernen – ungeachtet ihrer Komplexe und dummen Voreingenommenheit.

Eine wirklich neue Mutter: Ich liebe meine zwei Schwiegertöchter

Im Fall von Ilse, einer besonders vorsichtigen und liebevollen Frau, führte ihre Toleranz dazu, dass sie tatsächlich zwei Töchter zu ihrem einzigen Sohn dazugewann.

Thomas war sehr jung, als er Monika kennen lernte. Er hatte sich in frühen Jahren in die attraktive Sekretärin seines Chefs verliebt, und bald wurde klar, dass dies auch auf Gegenliebe stieß. Thomas war Industriekaufmann, war bei einer sehr solventen Firma ein- und aufgestiegen, und so schien trotz ihrer Jugend (beide waren 23) einer Eheschließung nichts im Weg zu stehen. Es war die Zeit (frühe 60er-

Jahre), wo man noch ganz brav bürgerlich heiratete und nicht ohne Trauschein zusammenlebte.

Die Hochzeit wurde auf traditionelle Weise vorbereitet, die junge Frau wurde von ihren Eltern mit dem Nötigsten ausgestattet, die Eltern von Thomas, die finanziell besser gestellt waren, kauften eine Eigentumswohnung. Die Hochzeitsgäste waren geladen. Monika war ein solch sympathischer Mensch, dass sie sofort Ilses Herz gewann. Ein wenig ruhig war sie, überlegt und sehr, sehr umsichtig und gescheit. Schüchtern, wenn sie sich irgendwo fremd fühlte, aber lieb und herzlich im vertrauten Kreis. Die Schwiegereltern – Ilse und Herbert – waren sehr angetan von der Wahl ihres manchmal etwas widerspenstigen Sohnes, der gerne ein wenig rowdyhaft ankam, flotte Sprüche klopfte, aber, wie sie wussten, ebenfalls ein recht lieber und warmherziger Mensch war.

Etwa vier Wochen vor dem angesetzten Hochzeitstermin fiel den Eltern auf, dass Thomas immer stiller, abwesend und in sich gekehrt wurde. Das war sonst nicht die Art des recht extravertierten Sohnes. Und eines Abends brach es aus ihm heraus: »Ich kann nicht heiraten – ich habe mich verliebt ...« Verzweifelt schluchzte er und schien ganz und gar nicht mehr der flotte, junge Mann, dem immer ein witziger Spruch in den Sinn kam, wenn es ernst wurde.

Die Eltern waren entsetzt. Er hatte auch schon mit Monika gesprochen – nicht die ganze Wahrheit war es gewesen, aber er hatte einfach seine Zweifel an ihrem Zusammenpassen geäußert, von der anderen Frau nichts gesagt, das wäre allzu verletzend gewesen. Es stellte sich heraus, dass die Beziehung zu dieser anderen Frau noch nicht sehr weit gediehen war; einfach ein Flirt beim Tennisspielen, wo man sich öfters getroffen hatte, einmal ein Kuss beim Nachhausegehen ...

Die Eltern atmeten auf. Das schien nun nicht unbedingt

schon auf Endgültigkeit hinauszulaufen. Eindringlich schilderten sie Thomas, welch tief empfindende und ernste Frau Monika doch sei, wie gut sie gerade in ihrer Gegensätzlichkeit zusammenpassten, wie furchtbar für dieses Mädchen, das aus einer sehr problematischen Scheidungsehe kam, ein solcher Schlag sein müsste etc. etc. Natürlich wollten sie ihn nicht überreden, das sei alleine seine Entscheidung – aber dennoch ... das wolle gut überlegt sein.

Thomas war froh, die Eltern eingeweiht zu haben, und erschien schon am übernächsten Tag wieder recht fröhlich. Ja, er hatte mit Monika gesprochen, ihr alles »gebeichtet«, sie hatte sehr geweint, ihm aber vergeben, und nun sei alles wieder gut – die Hochzeit fand statt und war fröhlich und feierlich – ganz, wie es sich gehört.

Ilse aber blieb vorsichtig. Sie tat viel, um Monika wirklich in die Familie hineinzuholen, ohne sie zu bedrängen. Und Monika war offensichtlich froh über ihre neue Familie, in der es viel lustiger und unkomplizierter zuging als in ihrer eigenen, wo die verlassene Mutter immer nur darauf wartete, dass der ungetreue Ehemann sie besuchte. Das tat er zwar pflichtgemäß jedes zweite Wochenende, aber alles wurde dann immer in Tränen ertränkt. Monika fühlte sich verantwortlich für das Glück ihrer Mutter und tat alles, um sie aufzuheitern. Sehr bald wurde Monika schwanger, das kleine Mädchen bedeutete für die ganze Familie ein großes Glück. Die neue kleine Familie schien von Sonnenschein umstrahlt. Thomas stieg in der Firma auf, Monika arbeitete halbtags und die Schwiegermutter fungierte oft als Babysitterin. Monika war es lieber, wenn die Schwiegermutter diese Pflicht übernahm, denn ihre eigene Mutter war allzu ängstlich, geriet bei Trotzanfällen außer sich und wusste die kleine Lisa dann gar nicht zu bändigen. In Thomas' Familie war alles einfacher: Man lachte über Klein-Lisas Eigenständigkeit, man war zärtlich und unbesorgt, wenn sie sich mal wehtat. Und das junge Paar? Auch dies schien frohgemut und zärtlich einander zugetan. Alle waren zufrieden…

…bis eines Tages Monika bei Ilse erschien und sich nicht mehr halten konnte vor Schluchzen und Verzweiflung. Thomas wollte sich scheiden lassen. Er lebte schon seit einem halben Jahr immer wieder bei einer anderen Frau. Sie käme gerade von dort, hätte diese Frau angefleht, ihr doch den Ehemann und der Tochter nicht den Vater wegzunehmen … aber nun könne sie nicht mehr.

Ilse war entsetzt. »Aber gerade jetzt zu Weihnachten wart ihr doch noch so lieb zueinander – ich habe noch gesagt, welches Glück, dass sich da die zwei Richtigen gefunden haben…« Monika weinte noch heftiger. »Ja, wir haben das immer allen vorgespielt, ich wollte das so, ich konnte das nicht glauben, deshalb habe ich auch niemandem etwas gesagt … ich habe ›heile Welt‹ spielen wollen … und Thomas hat sich vor euch so sehr geniert, dass er mitgespielt hat.«

Der Bruch war nicht zu heilen. Ilse und Herbert verloren nicht den Kopf; sie sprachen sehr lange und ernsthaft mit Thomas, der ihnen die ganze Geschichte erzählte. Ja, eigentlich hätte er von Anfang an gewusst, dass dies nicht ginge. Es sei sexuell immer so schwierig gewesen. Er schätze Monika als Mensch sehr – aber als Frau… Und dann kam ein Bekenntnis, das die Eltern verstummen ließ: »Wisst ihr, immer wenn sie sich am Abend besonders schön gemacht hat mit einem schönen Nachthemd und ich wusste, was sie von mir erwartete – da wurde mir ganz elend vor Abscheu und ich habe mich dann betrunken. Wir haben schon seit drei Jahren keinen Sex mehr.« Die neue Frau? Ach, da sei alles ganz ganz anders: Die sei lustig, immer gut aufgelegt, sehr beliebt – sie habe einen großen Freundeskreis, der ihm sehr gefalle. Monika habe ja doch nur zu sehr wenigen Leuten wirklich Kontakt gehabt; und er liebe nun mal Geselligkeit.

Nun, es war nicht schwer einzusehen, dass hier wohl nichts mehr zu machen war; Thomas' Eltern sahen das auch sehr schnell. Sie hatten ein recht schlechtes Gewissen Monika gegenüber, dachten auch oft daran, wie gering der Schmerz damals bei der gestrichenen Hochzeit gewesen wäre – verglichen mit dem jetzigen. Hätten sie Thomas nur damals nicht zugeraten zur Ehe. Er war eben doch noch allzu jung gewesen.

Ilse befand sich in einer schwierigen Situation. Sie sprach lange und liebevoll mit Monika; diese schien zuerst untröstlich, musste sich aber fügen und erhielt von Ilse, die die Schwiegertochter sehr lieb gewonnen hatte, jede Unterstützung. Aber sollte sie deshalb dem Sohn böse sein? Natürlich nicht! Auch dies besprach sie mit Monika. Diese flehte unter Tränen, Ilse möge doch die neue Frau nicht empfangen, dann könne sie sicher das Haus nicht mehr betreten, und Ähnliches mehr.

Ilse tat alles, um die Schwiegertochter zu trösten und zu beruhigen. Aber zu falschen Kompromissen ließ sie sich nicht herbei. »Bisher kenne ich diese Frau nicht«, sagte sie einmal, »ich will sie auch nicht unbedingt sofort kennen lernen – sie hat ja auch mir wehgetan. Aber wenn Thomas mit ihr zusammenbleiben will (Thomas war inzwischen zu ihr gezogen), dann werde ich natürlich den Kontakt aufnehmen. Ich finde es sehr problematisch, was Thomas und diese Frau getan haben – aber wir Menschen sind eben voll von Fehlern und Widersprüchen, da kann man nichts machen. Und natürlich weißt du, dass ich Thomas nicht fallen lasse.«

Monika musste dies einsehen; es kam die Scheidung, es kam die Hochzeit – Monika ließ sich in dieser Zeit selten sehen, brachte aber immer getreulich Klein-Lisa, die ja auch den Vater sehen sollte. Zuerst fanden diese Besuche bei Ilse statt, aber mit der Zeit wurde auch dies anders. Die neue Frau freundete sich mit dem Kind an. Eines Tages willigte

Monika, die noch immer an ihren Schwiegereltern hing, ein, die neue Frau unter diesen veränderten Umständen kennen zu lernen. Sie war fast unwillentlich recht angetan vom Charme und der Umkompliziertheit dieser neuen Frau ihres Mannes.

Und Ilse? Ilse hatte in ihrem Herzen längst Platz gefunden für die »Neue«, die wohl wirklich besser zu ihrem etwas leichtlebigen Sohn passte und weniger schwermütig war. Im Laufe der Jahre fügte es sich, dass man immer häufiger im Familienkreis verkehrte: Ilse, Herbert, Thomas, Monika und das Kind und natürlich auch die neue Frau – Gerti –, die sich sehr um Monika bemühte. Diese fünf Menschen brachten das Kunststück fertig, einander freundlich gesinnt zu bleiben, in wirklich familiärer Weise zusammenzuhalten und übrigens auch die jeweils wechselnden Freunde von Monika (viele waren es nicht im Laufe der Jahre) einzubeziehen. Thomas hat noch immer ein schlechtes Gewissen; er zahlt großzügige Alimente und seine Frau Gerti findet dies auch richtig so.

»Ich habe zwei reizende Schwiegertöchter«, sagte Ilse bei einem ihrer mit großem Pomp gefeierten Geburtstage. »Ich weiß gar nicht, welche mir lieber ist.« Aber heimlich fügte sie ihrer besten Freundin gegenüber zu: »Die Monika hab ich dann doch noch ein klein wenig lieber – weil sie so viel gelitten hat.«

Monikas Kommentar

»Meine Schwiegermutter? – tolle Frau. Damals, als ich jung war und unsere Ehe gerade zu Bruch ging, da war ich manchmal ärgerlich. Ich habe gefunden, dass es ihre Erziehungsfehler waren, die den Thomas so unstet und oberflächlich gemacht haben. Sie hat immer alles ›verstanden‹, so dachte ich damals spöttisch. Jede Frau darf er bringen, jede Laune lässt sie ihm durchgehen. Aber

das stimmt gar nicht so ganz. Mein Gott: Natürlich liebt sie ihn und er ist übrigens auch ein sehr guter Sohn, dass sie da nicht ganz große Konflikte mit ihm haben will? – Das kann ich jetzt, wo ich selbst Mutter einer erwachsenen Tochter bin, ganz gut verstehen. Manches passt mir bei Lisa auch nicht unbedingt – aber was soll's! Jeder muss sein Leben leben. Und Ilse hat mich immer in gleicher Weise lieb und freundlich behandelt. Dass sie dann auch zu Gerti nett war, das habe ich zuerst nicht gerne gesehen. Jetzt, nach so vielen Jahren, denke ich, dass Gerti wirklich im Temperament besser zu ihm passt. Sie sind noch immer beisammen, Gerti scheint recht oft ein Auge zuzudrücken, denn was auf seinen diversen Geschäftsreisen passiert, das wissen viele Leute, Gerti auch. Ich hätte da nie so tolerant sein können, für mich ist das Leben und vor allem die Ehe eine sehr ernste Angelegenheit. Ich habe mich auch nie wieder so fest gebunden. Irgendwie habe ich noch immer das Gefühl, Thomas ist mein eigentlicher Mann, eben der Vater unserer Tochter. Das bindet mich sehr fest. Gerti ist viel lebenslustiger, ich glaube, sie nimmt es mit der Treue auch nicht so genau. Ilse wusste dies auch. Aber wie sie halt war: Jeder darf sein eigenes Leben haben. Seit sie tot ist, vermisse ich sie immer wieder, obwohl sie am Ende doch recht hinfällig war. Ich habe sie jede Woche mindestens einmal besucht – und trotz ihrer Gebrechen: Es war jedes Mal ein Gewinn.«

Familientypen und wie die »Neuen« hineinpassen

Unsere Kleinfamilien können in unheilvoller Weise erstickend wirken. Die eigene und individuelle Thematik wird in vielen Familien zu einem Stil entwickelt, der verpflichtend für alle Familienmitglieder ist – selbst dann, wenn sie als Individuen nicht ganz »dazupassen«. Man kann sich vorstellen, dass dies den neu Dazugekommenen schwere Probleme bereiten kann.

Horst-Eberhard Richter hat einige »Typen« beschrieben, die besonders prägnant zeigen, wie sehr sich manche Familien abschotten gegen die Außenwelt: Die »Sanatoriumsfamilie« oder die »Festungsfamilie« hat er als besonders ›klebrigen‹ Familientyp beschrieben, in der »Theaterfamilie« gibt es bei vordergründiger Freiheit letztlich auch kein Pardon für Andersartiges.

In der Sanatoriumsfamilie herrscht die dauernde Besorgnis um die Befindlichkeit der anderen Familienmitglieder vor, sodass sich das ganze Leben darum dreht, wer gerade krank ist, werden könnte oder eben war, sodass er schonungsbedürftig ist. Dies schließt Menschen, die nicht im Familienverband leben, als virtuelle Krankheitserreger oft aus, sodass die Familie letztlich »unter sich« bleiben muss. Es kann sich übrigens um »Krankheiten« auch im übertragenen Sinn handeln – die Familie ist eingeschworen auf einen bestimmten sanften Ton, der von außen leicht gestört wird, sodass man sich lieber nicht allzu sehr auf die Außenwelt einlässt. Man fürchtet alles, was irgendwie Angst erregen könnte, hat sich auf einen ganz sanften und konfliktarmen Ton eingeschworen und empfindet die laute und gefährlich krank machende Welt sehr oft als nur störend. Man bleibt »unter sich«, weil alles andere Angst erregt. Brigitte hat mit ihrer Idealisierung der begabten und attraktiven Tochter einen solchen Kokon um sich und Susanne geschaffen: Objektive Meinungen anderer dürfen da nicht hineinplatzen. Deshalb kann Susanne sich auch nicht wirklich altersgemäß mit anderen auseinander setzen. Dies gelingt ihr erst, als sie wegkommt von zu Hause, vor allem, als sie Albert trifft. Er ist ein kongenialer Partner: einer, der sie nicht idealisiert, der ihre Stärken und Schwächen kennt und der sie liebt. Ob ihm bewusst ist, wie sehr er gegen eine mächtige Mutter ankämpfen muss? Albert ist in gewisser Weise naiv, er merkt kaum, was da vor sich geht; er fühlt sich zwar einigermaßen unwohl in der Nähe von Brigitte, aber sehr viele Gedanken macht er sich nicht darüber.

Der zweite von Horst-Eberhard Richter beschrieben Familientyp – die »Festungsfamilie« – ist noch viel schwerer von außen »einzunehmen«: Diese Familien empfinden prinzipiell die Außenwelt als etwas Feindliches. Deren Regeln und Werte können unmöglich angenommen, ja nicht einmal überprüft werden. Man bleibt lieber ganz für sich und wertet andere Menschen ab. Was andere essen, die Art der Erziehung, der Kleidung, der Auseinandersetzung mit der Welt: Alles wird denunziert, abgetan und als ungleichwertig verworfen.

Beide Familientypen tun sich schwer mit der Aufnahme neuer Mitglieder, wobei Schwiegerkinder dann eben einen besonders schweren Stand haben. Die Schwiegermutter stellt dabei, wenn sie einen dominierenden Platz in der Familie hat, wichtige Weichen und kristallisiert sich oft als »Brennpunkt« der Schwierigkeiten heraus.

Der dritte von Horst-Eberhard Richter beschriebene Typ wird von ihm als »Theaterfamilie« bezeichnet. Das sind Familien, in denen dauernd Rollen gespielt werden, meist ist eines der Familienmitglieder (oft die Mutter) ziemlich »histrionisch« und agiert dauernd wie auf einer Bühne. Auch wenn nicht alle Familienmitglieder selbst ein solches Theaterspielen mögen, passen sie sich doch der lebhaften und oft auch interessanten Person im Mittelpunkt des Familiengeschehens an. Neue Mitglieder werden gerne aufgenommen – vorausgesetzt, sie sind zum Mitspielen bereit. Wollen sie dieses etwas unechte Getue nicht mitmachen, dann ergeht es ihnen allerdings schlecht.

Die Sanatoriumsfamilie und ihre neuen Mitglieder

Familie Fabian – Vater, Mutter und zwei Söhne – hat immer wieder Probleme mit fremden Menschen. Sie hat daher auch wenig Freunde und Bekannte. Frau Fabian insbesondere seufzt sehr vernehmlich, wenn es nicht zu umgehen ist, andere Menschen zu sich nach Hause einzuladen. Man weiß eigentlich nicht so recht, warum sich alles so schwierig gestaltet. Sie findet, dass die ganze Kocherei zum Beispiel problematisch ist – aber sie kann recht gut kochen. Was also ist denn so schwierig? Nun, man weiß natürlich nicht, was andere Menschen gerne essen. Soll man wirklich Fleisch zubereiten? Heutzutage ist es vielleicht nicht ganz ungefährlich, wenn man die ganzen Fleischskandale bedenkt. In der eigenen Familie kocht man hauptsächlich vegetarisch, obwohl man da nicht ganz so genau ist. Aber andere Menschen erwarten vielleicht bei einer Essenseinladung doch einen ordentlichen Braten? Und wie steht es mit Süßspeisen? Ältere Menschen haben oft mit dem Zucker Probleme ... und so macht sich Frau Fabian tagelang schon allein wegen des Essens unnütze Gedanken. Aber es gibt noch anderes: zum Beispiel das Gespräch. Viele Menschen leben so merkwürdig. Da war doch dieser Kollege ihres Mannes, der nun schon das dritte Mal verheiratet ist. Vor vier Jahren war er mit der zweiten Frau bei Fabians eingeladen gewesen, jetzt hat es eine Gegeneinladung gegeben und man muss sich auf einmal mit der anderen Frau irgendwie unterhalten. Das heißt also, dass man um Himmels willen nicht auf die vorige Einladung zu sprechen kommen sollte – vielleicht wäre das ja eine Beleidigung? Und überhaupt: Frau Fabian findet solche unüberschaubaren Verhältnisse furchtbar. Herr Fabian ist keine große Hilfe: Er seufzt, er schweigt, er will am liebsten jeden Abend vor dem Fernseher verbringen und ist auch viel zu dick geworden. Das ist eine andere Sorge von Frau Fabian: Herr Fabian ist zu dick und daher gefährdet in Bezug auf einen Herzinfarkt; der ältere Sohn hört zu viel Musik – mit Kopfhörer zwar, aber doch so laut, dass man ein wenig mithören kann. Man weiß, dass lautes Musikhören zu früher Taubheit führen könnte – aber das Reden nutzt wenig. Der Jüngere ist immer schon ein ängstliches Kind gewesen, auch ziemlich anfällig für Erkältungen und muss daher geschont werden. Er ist jetzt schon weit über zwanzig, hat – Gott sei Dank – noch keine Freundin und liest sehr viel. Ob das seinen Augen schadet? Beim Jura-Studium hätte er, mit seinem guten Gedächtnis und auch immer sehr guten Schulleistungen, eigentlich keine Schwierigkeiten haben sollen. Komischerweise ging es aber doch nicht so flott voran wie gehofft. Er hatte nämlich riesige Prüfungsängste, schob die Prüfungen immer wieder hinaus und sah vor einem Prüfungstermin immer elend aus. Einmal hat er tatsächlich versagt, das war eine kleine Katastrophe. Der Prüfer war ganz besonders gemein zu ihm gewesen, und der Sohn erholte sich lange nicht von diesem Trauma. Nun aber hat er alles geschafft (Frau Fabian hat mit Baldrian und Tees immer nachgeholfen) und auch eine ordentliche Stelle gefunden. Auch er geht nicht viel weg, weil er es daheim »immer so gemütlich« findet. Frau Fabian tut auch alles, um es den Ihrigen gemütlich zu machen: Alle lieben Süßigkeiten (Gott sei Dank gibt es keine Zuckerprobleme in der Familie) und Frau Fabian tut alles, um diesen nie versiegenden Drang zu befriedigen. Sie sorgt sich sehr darum, dass niemand zu kurz kommt: Alles wird von ihr besorgt, ob es sich um ganz besondere Kugelschreiber des Sohnes handelt, um die Socken ihres Mannes oder um die feinen Bonbons aus einer weit entfernt gelegenen Konditorei, die der Ältere so gerne isst.

Dieser Ältere – Michael – aber ist es, der ihr Sorgen macht. Seit einiger Zeit ist er abends oft weg, angeblich zu Studienzwecken, aber eigentlich hat er sein Ingenieurstudium schon abgeschlossen, und ob er den Doktor macht, ist nicht ganz klar. Auch er hat jetzt einen guten Job. Sein langes Wegbleiben hat offenbar andere Gründe. Manchmal hat er auch von einer Freundin erzählt, mit der er am Sonntag Ausflüge macht.

Eines Abends war er nicht heimgekommen. Die ganze Familie konnte nicht schlafen, man war außer sich. Zwar hatte er spät am Abend noch angerufen und irgendetwas von »es wird sehr spät heute« gemurmelt, aber dass einer sich so weit verging, einfach nicht zu erscheinen – das war noch nie vorgekommen. Irgendwie war Michael doch anders als die anderen. Als er am frühen Morgen dann seiner entgeisterten Mutter nur ein etwas genervtes »Hab doch gesagt, dass es spät wird« zuwarf, da waren Herr und Frau Fabian dann doch laut geworden. Warum er nicht angerufen habe? Michael sagte dann – grob und unwirsch –, »dass er sich bei seiner Freundin nicht noch mehr blamieren wolle mit seiner Familie und ihrer Überfürsorglichkeit«. Frau Fabian hat lange geweint, ihr wurde klar, dass damit wirklich ein Riss in die Familie kam.

Ihr Michael hatte also eine »richtige« Freundin. Von da an verbrachte er noch manche Nacht bei ihr, und Frau

Fabian hatte große Angst, ob diese Nächte nicht vielleicht gefährlich sein könnten. Wer war diese Frau? Konnte sie ihren Michael mit Aids anstecken? Man las so viel darüber…

Nun, diese Freundin hatte einen Namen – Christine – und sollte nun daheim vorgestellt werden. Sie war Lehrerin, hatte eine Familie im Ausland, der Vater war in irgendeiner Firma mit Auslandsniederlassung angestellt und Christine war offenbar ein munteres und reiselustiges Geschöpf. Sie erzählte von lustigen Erlebnissen auf ihren Reisen – mit einer Freundin und Rucksack, auch mal alleine, dann offenbar mit einem Freund –, und all das war der Familie Fabian ganz und gar nicht geheuer. Vor allem Frau Fabian fand nachher – im Gespräch mit dem Jüngeren – kein Ende des Jammerns. Das war nun wirklich nicht passend für ihre Familie. Christine hatte so ganz nebenbei erzählt, dass sie mit Michael nun auch einmal diese wunderbaren südamerikanischen Landschaften besuchen wollte. Auf die ängstliche Frage von Frau Fabian, ob das nicht alles viel zu teuer und auch gefährlich sei, hatte sie nur gleichmütig geantwortet, es gäbe da Reiseführer, die einem erklärten, wie man mit 5 Dollar pro Tag auskommen könne. Sie habe dies schon ausprobiert – und sie erzählte ausführlich von etwas verlotterten, aber lustigen Herbergserlebnissen und Kantinen. Frau Fabian dachte, dass ihr Verdacht, Michael könne sich bei einer solchen Frau mit Aids anstecken, wohl nicht ganz unbegründet sei. Sowieso war die Gefahr von »Ansteckung« in dieser Familie ein großes Thema. Leider musste man ja auch in der Grippe-Zeit arbeiten gehen, Frau Fabian machte sich da jeden Winter große Sorgen. Unermüdlich kochte sie präventiv Tees und irgendwelche Sirupe. Bisher war man vom Ärgsten verschont geblieben. Aber auch kleine Erkältungen konnten sich zu größeren Krankheiten auswachsen. Frau Fabian war da sehr vorsichtig.

Ja nun, diese Christine: Die war nun wirklich nicht die »Richtige«, Frau Fabian konnte dies sehr gut spüren. Sie würde Michael nicht glücklich machen.

Die ganze Familie blieb Christine gegenüber kühl und reserviert. Man ging zur Hochzeit – steif und ohne wirklich zur »Gegenfamilie« Kontakt aufzunehmen – und beschränkte sich von da an auf gegenseitige Besuche zu Geburtstagen und Feiertagen. Auch die Kinder (zwei Mädchen) konnten Familie Fabian nicht dazu bringen, die neue Familie in rosigerem Licht zu sehen. Der jüngere Sohn – noch immer zu Hause und ohne Freundin – war besonders feindselig gegenüber der Schwägerin. »Spargel« nannte er sie, weil sie seiner Meinung nach zu dünn war. Frau Fabian wäre mit der Zeit wohl etwas nachsichtiger geworden, aber ihr Sohn wollte auf keinen Fall mehr Kontakt als nötig.

Man kann sich vorstellen, wie die Schwiegertochter über ihre angeheiratete Familie dachte. Sie verachtete alle, blieb aber nach wie vor höflich. Ihr Mann – Michael – war hin- und hergerissen. Es gab viel Streit, und Familie Fabian senior hoffte – ganz im Gegensatz zu ihren ansonsten strengen Prinzipien –, dass das junge Paar sich bald trennen würde. Als dies nicht geschah, brach der Jüngere praktisch jeden Kontakt zur Familie seines Bruders ab. Kamen sie zu Besuch, hatte er meistens irgendeine andere wichtige Verpflichtung, Einladungen dorthin lehnte er mit denselben Begründungen ab. Frau Fabian blieb mit ihrem Kummer um die Wahl des Sohnes alleine. Nach wie vor empfand sie die Schwiegertochter als Störfaktor und als nicht solide genug für ihren Sohn… Ihrem Mann war das Ganze peinlich, aber er war allzu bequem, als dass er sich da groß eingemischt hätte. Es blieb bei einigen Höflichkeitseinladungen im Jahr, die Enkeltöchter fanden diese Besuche bald allzu öde und mochten nicht mehr mitgehen. Wenn ihre Großmutter sie besuchte, blieben sie stumm – angemahnt von der Mutter zu braven »Bitte«- und »Danke«-Bekundungen und zum Händchengeben. Das war und blieb alles.

Die Festungsfamilie und der Schwiegersohn

Familie Kissinger war, wie alle immer wieder betonten, eine glückliche Familie. Frau Kissinger sprach dies auch oft aus: Man sei eigentlich ganz »unmodern« – wenn man andere Familien bedenke, wie es da zugehe… Wie froh müsse man da sein, wenn man in solch gesunder Weise »unmodern« sei. Es gab den allein verdienenden Vater, die äußerst tüchtige, im Haushalt schuftende Mutter und drei Töchter – alle sozusagen »perfekt«: ordentliche Schülerinnen, hübsch und gehorsam, immer ein wenig abseits der anderen. Dass die Mittlere ein wenig stotterte, war der einzige Wermutstropfen in dieser Perfektion, aber der Logopäde hatte gute Hoffnung, dass sich dies in der Pubertät »auswachsen« würde. Tatsächlich wurde das Leiden sehr viel besser, als sie etwa siebzehn war, von da an konnte man nur ein ganz leises Zögern beim Sprechen bemerken, wenn sie aufgeregt war.

Dazu aber gab es wenig Ursache. Man blieb unter sich, man kannte einander eben am besten und fühlte sich daheim auch am wohlsten. Wenn man sah, wie andere lebten, dann konnte man wirklich froh sein, ein solch behagliches kleines Nest zu haben.

Frau Kissinger ist immer wieder von neuem stolz, wie gut sie die Entwicklung der Kinder vorangebracht hat. Sie hat immer darauf geachtet, dass diese pünktlich nach der Schule heimkamen (wenn nicht, konnte sie sehr streng werden, aber dies passierte nicht oft!), die Schuhe auszogen und die Schulkleider ablegten. Das Essen war einfach, aber gesund – Frau Kissinger freute sich darüber, dass ihre Töchter alle kein Übergewicht hatten – und mit den Hausaufgaben gab es auch keine Schwierigkeiten. Frau Kissinger überprüfte fremde Kinder, die mit den ihrigen spielen wollten, sehr genau: waren sie ebenso höflich und sauber wie die eigenen? Konnte man den Eltern trauen? Vorsichtig erfragte sie die Familienverhältnisse. Waren es Scheidungskinder, dann ließ sie auch ab und an vorsichtig einfließen, dass dieses oder jenes Kind gar nicht »passend« sei. Sehr viele Spielkameraden brachten ihre Töchter übrigens gar nicht nach Hause, und weggehen durften sie nur sehr selten. Diese vielen Kindergeburtstage waren sowieso ein reiner Fluch: teuer, mit den Mühen des Bringens und Abholens verbunden (als hätte man nichts Besseres zu tun!) – und dann: man wusste nicht, was die Kinder dort alles sahen! Bei einem der letzten Geburtstage – da war die Älteste 13 gewesen – gab es am Abend ein abgedunkeltes, schummrig beleuchtetes Zimmer mit Tanzmusik. Das fand Frau Kissinger übertrieben für 13-Jährige, es waren nämlich auch einige schon ältere Jungen dabei gewesen, und ihre zwei eingeladenen Töchter hatten nach diesem Geburtstag ziemlich aufgeregt gewirkt. Das war aber auch die letzte Einladung gewesen. Die Jüngste hatte sich übrigens seit ihrem 11. Lebensjahr sehr zurückgezogen, Frau Kissinger hatte manchmal Sorge, dass sie denn doch allzu wenig aß – obwohl wenig essen gesund war. Irgendwann hatte die Lehrerin angefragt, ob Evelyn etwa magersüchtig sei. Ihre schmale Figur fiele auf, man könne gerne einen Termin bei der Schulpsychologin vereinbaren. Frau Kissinger war empört. In ihrer Familie gab es so etwas nicht – und dass ein Kind in der Pubertät auch mal ein paar Probleme haben könne, das sei ja wohl normal. Auch das gehörte zu den vielen feindlichen Meinungen der Umgebung, dass man dauernd Psychologen und Psychiater zu beschäftigen habe. Dauernd hörte man von »Problemen«. In ihrer Familie sollte es keine geben. Die könnten die anderen unter sich ausmachen.

Frau Kissinger war felsenfest davon überzeugt, dass sie und ihre Familie die einzig richtige Einstellung hatten. Herr Kissinger hatte viel Arbeit, überließ seiner Frau das familiäre Feld fast vollständig und tat jedenfalls so, als ob auch er der Meinung sei, dass »die anderen« gefährlichen und unmoralischen Prinzipien nachlebten: Ehebruch, Scheidung, Zusammenleben ohne Trauschein, Patchworkfamilie, Drogen, Fernsehen als Dauerkonsum – nein, seine Frau hatte schon Recht, wenn sie die Zügel straff anzog. Gut, dass er sich nicht kümmern musste.

Man blieb also weitgehend unter sich, weil man alle diese schlechten Einflüsse fürchtete und übrigens der Meinung war, dass die Welt sowieso bald zugrunde gehen würde. Dann wäre es am besten, möglichst zusammenzuhalten.

Da war aber das Problem der Jüngsten, und dies wurde immer schlimmer – Frau Kissinger war sich sicher, dass da irgendein schlechter Einfluss von außen dahintersteckte. Diese Jüngste, Evelyn, war nun schon so schwach, dass sie manchmal einfach im Bett liegen lieb; zwang man sie zum Aufstehen, war sie schon dreimal ohnmächtig geworden. Frau Kissinger war der Meinung, dass man solche »Faxen« nicht dulden dürfe – aber sie bekam es doch mit der Angst zu tun.

Um eine lange und schlimme Sache kurz zu machen: Evelyn musste in die Klinik (ansonsten würde sie nicht mehr lange leben, hatte der Arzt gesagt), blieb lange dort, wurde dann in eine WG für junge therapiebedürftige Mädchen gebracht und erholte sich unter einer langen und offenbar wichtigen Therapie langsam. Nach Hause ging sie nur für einige Tage – über Weihnachten oder zum Geburtstag; sie blieb still, wurde aber gesund.

Als sie 24 war – sie hatte inzwischen den Beruf der Physiotherapeutin erlernt und lebte schon seit geraumer Zeit in einer eigenen Wohnung, zum Kummer der Mutter –, fragte sie an, ob sie einen Freund mitbringen dürfe; er sei ebenfalls Physiotherapeut, arbeite schon seit einem Jahr in ihrer Abteilung in der Klinik und sie würden demnächst zusammenziehen.

Frau Kissinger seufzte nur: Bei dieser Tochter schienen ihre Erziehungsprinzipien wenig gefruchtet zu haben. Sehr selten nur sah man sie, und wenn sie sich doch zu einem Besuch bequemte, gab es bald Unstimmigkeiten. Von den wenigen Bekannten der Familie wollte sie nichts hören, fand sie langweilig und spießig, vertrat sehr »linke« Meinungen (so wie Kissingers das verstanden) und zog mit ihren nabelfreien Tops und Minis nur allzu viele Blicke auf sich.

Nun, der junge Mann würde wohl nichts Besseres sein. Äußerlich sah er allerdings recht nett aus: ordentlich gescheitelte Haare, saubere Jeans, ein unauffälliges blaues T-Shirt und darüber sogar ein leichtes Leinen-Sakko. Aber seine Manieren: Wie oft er beim Abendessen zulangte! Und dabei hatte er schon zum Kaffee drei Stück Kuchen gegessen. Da es bei Kissingers nie mehr als ein Stück Kuchen für jeden gab (und bei Gästen nahm man dann schon mal ein oder zwei Stück mehr), hatte Frau Kissinger auf ihren Kuchen verzichtet. Der junge Mann – Rudi hieß er – hatte dies nicht einmal bemerkt. Er war dazu noch allzu schnell mit seinen Meinungen zur Hand: kritisierte scharf die Regierung und ihre Gesundheitspolitik (Kissingers waren der Meinung, dass die Menschen mutwillig durch Rauchen, Trinken und vieles Essen ihre Gesundheit zerstörten und dann den Staat dafür belangten!), betrachtete sowohl die Roten als auch die Grünen als »reaktionär« und bemerkte das Verstummen der Familie nicht. Evelyn war es offenbar unbehaglich, aber sie äußerte sich selten und mahnte bald zum Aufbruch. Dass man, als die Tür eigentlich schon hätte geschlossen sein sollen, ein empörtes »Unmöglicher Mensch« hörte und dass Rudi sich gut denken konnte, wem das galt, trug zu seiner

Übellaunigkeit natürlich bei. Er machte seiner Evelyn Vorwürfe: Warum sie ihm nicht gesagt habe, in welche Familie er da hineingerate? Und verteidigt habe sie ihn gar nicht ... Dabei seien sie sich doch zum Beispiel über die Gesundheitspolitik einig.

Ein nächstes Treffen verlief noch unangenehmer und Evelyn schwieg fast die ganze Zeit.

Es dauerte lange, bis man sie wieder sah: wiederum abgemagert, blass und ziemlich elend. Den Freund Rudi, mit dem sie nun doch nicht zusammengezogen war (er hatte die Beziehung abgebrochen), sah sie nicht mehr, wie sie knapp (und offenbar ohne Mitteilungsbedürfnis) sagte. Es geschah aber einige Zeit darauf etwas Merkwürdiges: Evelyn lud die ganze Familie in ihre kleine Wohnung ein – Frau Kissinger fragte sich, warum man nicht in der behaglichen Familienwohnung zusammenkommen könne, aber Evelyn bestand auf ihrer Wohnung, wo man sich zusammenquetschen musste. Und dieses Treffen sollte für sehr lange Zeit das letzte sein. Es war nämlich nichts anderes als eine »Gerichtsverhandlung«, wie Frau Kissinger dies nannte. Evelyn schob die Schuld am Scheitern ihrer Beziehung zu Rudi nämlich auf die Familie, die ihn regelrecht mit ihrer engen und besserwisserischen Art »vertrieben« habe; er hätte sich ganz unbehaglich gefühlt und hätte ihr – zu Recht, meinte sie – vorgeworfen, dass sie ihn nicht verteidigt habe. Sie war nun wieder in therapeutischer Behandlung und sei sich sehr klar darüber geworden, dass sie sich in der Enge und Selbstgerechtigkeit der Familie nie, nie hätte entwickeln können. Ihre Magersucht schwele immer unter der Oberfläche; sie wolle aber endlich ganz gesund werden und breche daher vorderhand den Kontakt zur Familie ab. Das sei nichts Endgültiges, sie würden sicher wieder von ihr hören.

Als nach 1½ Jahren Evelyn wieder auftauchte (natürlich hatte man schon über Freunde von ihr gehört), war sie wirklich sehr verändert: offenbar gesund und rosig, selbstbewusst und – mit Rudi an ihrer Seite. Der Kontakt zur Familie aber blieb distanziert. Rudi weigerte sich, öfters als ein- bis zweimal im Jahr mitzukommen, und so blieben Frau Kissinger vier Jahre später auch die Freuden des Großmutterlebens mit einem kleinen Jungen vorenthalten.

Die Theaterfamilie und der Schwiegersohn

Luisa galt als ganz besonders charmante Frau. »Bezaubernd«, »ein Quell der Lebendigkeit«, »ein Wirbelwind« – all das hatte sie von ihren diversen Verehrern schon gehört und genossen. Und auch ihr Ehemann fand das. Luisa war tatsächlich als belebender Wirbelwind in sein Leben getreten, das er als junger Jurist in einer Behörde doch ziemlich langweilig gefunden hatte. Aber mit Luisa gemeinsam wurde dieses Leben interessant. Wolfgang, ein gut aussehender 30-Jähriger, wurde durch Luisa sehr viel selbstbewusster, als er vorher – der Sohn »kleiner Leute« – gewesen war. Luisa kam aus einem hochbürgerlichen Elternhaus, wusste, wie man Spargel und Austern isst (was damals recht ungewöhnlich war), konnte dank der Zuschüsse ihres Vaters auch recht nette kleine und größere Einladungen veranstalten und hatte solch reizende Umgangsformen, dass alle diese Einladungen zu großen Erfolgen wurden. Sie half natürlich auch beim Aufstieg Wolfgangs mit. Sein Chef war ebenso entzückt über Luisa wie alle anderen.

Die beiden waren übrigens am besten, wenn sie »Turteltäubchen« spielten. Sie flirteten dezent mit den Gästen, kamen aber immer wieder – wie absichtslos – zusammen, um einander zärtlich über den Kopf zu streichen oder die Haare zu zausen. Das entzückte die Gäste ganz besonders – und sowohl Luisa als auch Wolfgang wussten dies sehr genau. Sie waren ein »reizendes Paar«, wie jeder wusste. Zwei kleine Mädchen – sehr hübsch und sehr klug – vervollkommneten diese zauberhafte Familie. Auch diese Mädchen schienen den Charme und die Liebenswürdigkeit der Eltern mitbekommen zu haben. Im engen Familienkreis verhielten sie sich zwar wie alle anderen Kinder auch – waren aber Gäste da, dann wussten sie, wie man sich zu verhalten hatte. Vor allem die Jüngere heimste auf diese Weise viel Lob ein: welch süßes Stimmchen, wenn sie eines ihrer Kinderlieder vorsingen sollte. Und jeder konnte verstehen, dass man sie im Kindergarten ausgesucht hatte, um in der bekannten Radio-Kindersendung mitzumachen. Das Fernsehen würde sicher auch bald einmal kommen? So meinte man.

Luisa und Wolfgang waren mit ihrer Außendarstellung sehr beschäftigt. Dass sie alleine miteinander nicht allzu viel anfangen konnten, war Luisa bald schon klar. War an einem Sonntagnachmittag oder -abend einmal »nur Familie« angesagt, dann wurde es ein wenig öde, und man war unwirsch miteinander, wie dies in anderen Familien auch oft der Fall war. Aber solche Ereignisse wusste Luisa zu verhindern. Ein Strom von Gästen zog durch die hübsche Wohnung, die durch Wolfgangs Aufstieg und finanzielle Verbesserung bald schon größer und eleganter wurde. Natürlich gab es viele Gegeneinladungen, und in einem gewissen Milieu war es einfach »schick«, die beiden einzuladen und zu seinen Freunden zu zählen. Die ältere Tochter wusste genau, was man zu tun hatte, um so beliebt zu sein. Aber – im Gegensatz zur Jüngeren – tat sie dies eher gezwungen und war oft froh, wenn sie alleine sein konnte. Die charmante Mutter war sowieso nicht zu erreichen, viel weniger noch zu überbieten. Nach wie vor sah sie – nunmehr 50 Jahre alt – sehr gut und jugendlich aus, war übrigens auch eine sehr fürsorgliche Mutter, und so wusste Sabine gar nicht, warum sie sich in der Familie eigentlich gar nicht mehr so wohl fühlte wie ihre jüngere Schwester. Es kam die Zeit der Ablösung von der Familie, und Sabine wusste, dass nun eigentlich »ihre« Zeit da war. Nun hätte sie ebenso charmant und geistreich sein müssen wie Luisa. (War Luisa das wirklich? Sabine kam ihr häufig auf die Schliche, wenn sie irgendeinen geistreichen Ausspruch gerade erst aufgeschnappt hatte und nun als eigenen ausgab.) Wo aber waren die ebenso charmanten Männer, die Sabine nun ihrer Familie hätte präsentieren sollen? Sabine studierte ein etwas abseitiges Fach – Sinologie – und fand dort an der Universität nicht den Typ, den ihre Mutter bevorzugt hätte. Wer studiert auch schon Sinologie!! ... Aber Luisa fand dies sehr apart und gab damit bei Freunden oft an. »Sie ist eben unsere Intellektuelle, da muss es schon was Besonderes sein ...«

Aber Paul hatte es Sabine nun einmal angetan. Paul, der sicher nicht besonders attraktive, aber so unvergleichlich klügere Mitstudent, anders als die anderen jungen Männer.

Wie viele Interessen hatte er, was wusste er nicht alles! Und als sie einmal mit seiner Familie zusammengekommen war: Da gingen ihr die Augen auf. Das war eine wirklich gelehrte Familie – blitzartig wurde ihr klar, auf welch dünnem Eis man daheim ging, wenn man ein paar Klassiker zitierte und von Theateraufführungen schwärmte. Sie kam sich sehr klein vor in dieser Familie, obwohl man dort ziemlich billigen Fabrikkuchen zum Kaffee bekam und die Wohnung eher dürftig aussah. Bücher überall – aber doch ziemlich verschlissene Polstermöbel. Nun, Pauls Vater, der ebenfalls Sinologe war, verdiente sein Geld recht und schlecht als Übersetzer, die Mutter war Sprachlehrerin, gab Nachhilfestunden und übersetzte aus dem Deutschen ins Spanische und umgekehrt. Dass Pauls Vater ein recht bedeutendes Buch über das China des 11. Jh. geschrieben hatte, erfuhr sie von Paul. Aber wer kaufte solche Bücher schon?

All das aber hatte dem Paul natürlich einen anderen Hintergrund gegeben, als es bei ihr daheim möglich gewesen war. Natürlich war ihr Studium »interessant« – aber konnte irgendeiner aus der Familie begreifen, dass es ihr ernst damit war? Und wenn sie ehrlich war: Erst durch Paul war es ernst geworden – vorher hatte auch sie sich eher damit gebrüstet, eben »anders« und »apart« zu sein.

Sie stellte Paul ihrer Mutter vor, der Vater hatte angesichts der strahlenden Sonne ihrer Mutter sowieso nicht so viel zu sagen. Das Gespräch verlief irgendwie anders als sonst. Luisa war eher wortkarg, nachdem Paul nach ihrem Beruf gefragt hatte. »Ich war eine typisch höhere Tochter, habe nach dem Abitur ein wenig Kunstgeschichte studiert, aber dann kam ja die Heirat ...«, sagte sie kokett, aber Paul fiel daraufhin nichts Höfliches ein und meinte nur: »Ja, das ist ein trauriges Schicksal vieler Frauen Ihrer Generation gewesen« – was sowohl Sabine als auch Luisa etwas merkwürdig fanden, weil nämlich Luisa stolz darauf war, eine »höhere Tochter« zu sein, wie Sabine wohl wusste. Überhaupt gerieten Sabines Wertmaßstäbe durcheinander, seit sie Paul kannte. Seine Familie hätte bei Luisa sicher keine Gnade gefunden. »Nicht geschmackssicher« hätte sie bestimmt gefunden – und vor allem die Mutter von Paul: Die war bestimmt nicht »charmant«, eher ein wenig streng und ernst. Wenn man aber mit ihr ins Gespräch kam, zeigte sie sich sehr engagiert, sodass Sabine sie durchaus als angenehme Gesprächspartnerin empfunden hatte. Es gab halt nicht diesen hübschen und gepflegten Smalltalk wie bei ihnen zu Hause, und irgendwie fand Sabine diesen Smalltalk doch auch angenehm und beruhigend.

Nach dem etwas verunglückten Treffen fragte Sabine Paul, wie er denn ihre Mutter fände. Und der meinte nur: »Na ja – bürgerlich halt, eben: höhere Tochter.« Sabine sagte nichts.

Wieder mit ihrer Mutter beisammen, sagte diese unaufgefordert, was sie von Paul hielt: »Schon interessant, dein Verehrer. Meinst du, du könntest ihn veranlassen, sich ein wenig öfter die Haare zu waschen? Und sein Kragen ist auch nicht der sauberste. Aber wenn du wirklich mit ihm beisammenbleiben willst, dann wirst du ihn schon noch zivilisieren. Aber: Passt ihr wirklich zusammen?«

Sabine hatte noch jahrelang diese Beurteilung im Sinn – immer dann, wenn sie es wieder einmal bedauerte, sich von Paul getrennt zu haben. Und warum hatte sie dies? Sie war ehrlich genug, sich einzugestehen, dass das herbe Urteil ihrer Mutter nicht unwesentlich dazu beigetragen hatte. Manchmal dachte sie, dass sie später nie mehr einen solch belebenden und interessanten Mann kennen gelernt hatte – aber nun war es zu spät!

Spezielle Fälle

Der Spezialfall einer »guten« Schwiegermutter – verdächtig

Sieglinde war, wie sie meinte, eine sehr gute Schwiegermutter. Das stimmte auch – allerdings ging dabei etwas zu Bruch, was vielleicht doch noch wichtiger war als ein gutes Verhältnis zur Schwiegermutter. Sieglinde hatte zu ihrer Tochter Angela nämlich immer schon ein etwas prekäres Verhältnis gehabt. Sieglinde war Ärztin, eine sehr beliebte Ärztin, sie kam aus einem Arzthaushalt und hatte – natürlich – auch einen Arzt geheiratet. Dass auch der Sohn Medizin studierte, ist unter solchen Umständen nur natürlich.

Aber Angela: Da hatte es in keiner Weise »gereicht« – sie war ein eher langsames Kind gewesen, hatte schon im Gymnasium große Probleme bekommen, und als der Lateinunterricht begann, hatte auch die Nachhilfelehrerin nichts mehr retten können. Angela begriff einfach abstrakte Dinge nicht so recht. Sie war ein freundliches Kind, beliebt bei den anderen, weil sie einen ganz ungewöhnlich hohen Sinn für Gerechtigkeit hatte und für Schwächere eintrat. Aber mehr als ein Fachabitur war einfach nicht möglich gewesen, und auch das klappte nur mit Müh und Not. Aber Angela hatte auch gar keinen besonderen Ehrgeiz – sie wollte Erzieherin werden, später heiraten und möglichst viele Kinder bekommen. So sah ihr Lebensplan aus, und Sieglinde musste es seufzend zur Kenntnis nehmen. Angela tat alles, was dazu nötig war. Sieglinde aber war nicht immer sehr taktvoll, wenn sie auf Berufe wie Erzieherin oder Sozialarbeiterin zu sprechen kam. Der Bücherschrank Angelas war ihr ein ewiges Ärgernis. Halb esoterische Bücher, populäre Bücher über Erziehung und anderes Seelisches – wirkliche Wissenschaft fand man dort nie. Angela verschloss sich mehr und mehr vor dem Elternhaus, da auch der Vater sich als nicht sehr hilfreich erwies. Als Angela in eine andere Stadt zog und dort eine Erzieherinnen-Stelle annahm, war die ganze Familie irgendwie entlastet. »Dieses Kind passt gar nicht ganz zu uns«, war eine der wenig liebevollen Floskeln der Mutter. Angela hatte dies schon öfters gehört und in ihrer gutmütigen Art auch überhört. Sie wusste, dass sie ihrer Mutter nie genügen konnte, und hatte auch jeden Ehrgeiz in diese Richtung aufgegeben. Seit der Pubertät schien das Verhältnis noch schwieriger zu sein, einfach kalt und beziehungslos war alles geworden. Dass Angela trotzdem ein freundlicher und angenehmer Mensch blieb, verdankte sie weniger ihrer Familie als einer sehr geliebten Großmutter. Ihr Tod im hohen Alter hatte Angela sehr getroffen. Dass ihre Mutter nach wie vor ablehnend blieb – konnte das vielleicht auch damit zusammenhängen, dass ihre ehrgeizige und tüchtige Mutter es gar nicht so gern sah, wenn Angelas Schönheit immer öfter bewundert wurde? Die stand nun im Gegensatz zum Äußeren von Sieglinde, die eigentlich auch als junge Frau höchstens mal als »apart« bezeichnet worden war. Sieglinde äußerte Freundinnen gegenüber, die sie auf Angelas Schönheit aufmerksam machten, dass sie ihre Tochter sicher »auch recht hübsch« fände, aber irgendwie merke man doch, dass da etwas fehle – eben der Geist, »Esprit« sagte sie, um es noch drastischer auszudrücken. Irgendwie, so fand sie, sei das hübsche Gesicht der Tochter doch »langweilig«. Ihr Mann fand das nicht, aber der fand solche Überlegungen sowieso öde und meinte nur, dass eben die Geschmäcke verschieden seien.

Und nun hatte also Angela angekündigt, dass sie ihren neuen Freund mitbringen würde. Sie wollten zusammenziehen und vielleicht ja – und: hoffentlich! – bald schon Kinder bekommen. Dies die etwas karge Botschaft, denn selbstverständlich waren ihre Auskünfte über den »Neuen« auf Befragen der Mutter hin recht dürftig gewesen. Eines allerdings war interessant: Er war Arzt. Aha, da schlugen also doch irgendwelche Gene durch. Aber: Wer wollte die etwas beschränkte Angela denn wirklich heiraten? Sieglinde erwartete nichts Besonderes vom neuen »Schwiegerfreund«. Frühere Verehrer waren, wenn sie sie denn kennen gelernt hatte, ziemlich uninteressant gewesen.

Wer da kam, verblüffte sie. Ein gut aussehender, kluger junger Mann, der ihrer Tochter offensichtlich zugetan war, der die ärztliche Karriereleiter schon in sehr jungen Jahren aufgestiegen war, sich gerade habilitierte und alles, alles, was Sieglinde sich je erträumt hatte, erfüllte. Sieglinde war in ihrem Element. Das gab nun wirklich interessante Gespräche am Abendbrottisch. Viktor, der neue Schwiegerfreund, erwies sich als eloquent, als sehr, sehr kenntnisreich und war auch bereit, Angelas Eltern in seine Forschungen einzubeziehen, die genau diejenigen Gebiete betraf, für die sich Sieglinde und ihr Mann interessierten: Kardiologie. Mit diesem Gebiet hatte sich Sieglinde schon in ihrer Doktorarbeit beschäftigt – was aber hatte es alles Neues seither gegeben! – Sieglinde konnte sich gar nicht genugtun in Begeisterung über Viktors Kenntnisse. Angela blieb stumm – am Abendbrottisch, beim Frühstück, den ganzen nächsten Tag. Sie hatte nur einen Wunsch: schnell abzureisen, ihren Geliebten wieder für sich zu haben ...

Dieser nannte sie sein »geliebtes Dummchen«, als sie versuchte, ihm zu erklären, weshalb sie sich daheim gar nicht wohl gefühlt hatte. »Aber was hast du denn? – Deine Mutter ist doch ganz reizend – und so klug und interessiert… Ich habe tatsächlich durch ihre Fragen ein paar neue Gedanken für meine Arbeit bekommen!« Das alles beunruhigte Angela zutiefst. Aber irgendwie kam sie sich auch komisch vor, wenn sie ihrem Freund über die Mutter Böses erzählen sollte; warum war sie nicht froh, dass die beiden sich gut verstanden? Und Gott sei Dank lebte man ja nicht am Wohnort der Eltern.

Sieglinde äußerte sich begeistert über Viktor. Ihre Freundinnen hatten schon gefragt, ob eigentlich sie selbst ihn nicht ganz gern für sich hätte. Das fand Sieglinde albern – aber so etwas wie Neid schlich sich durchaus ein in ihre Seele. Das wäre tatsächlich ein Mann für sie gewesen! Verglichen mit Viktor war ihr eigener Mann natürlich »nur« ein etwas konventioneller Praktiker. Und dass er nie aus seiner Klinik herausgekommen war – das hatte ihn doch sehr eingeengt. Dass sie selbst dadurch auch nicht mehr Anregungen bekommen hatte: nun ja … aber sie hatte ihre gut gehende Praxis, sie konnte zufrieden sein. Allerdings, darüber war sie sich im Klaren: Intellektuell hatte sie ihren Mann durchaus überflügelt. Wie war Angela nur an diesen begabten Jungen gekommen? Nur wegen ihrer schönen schwarzen Augen? Ob das gut gehen würde?

Nun, Viktor war zwar ein ehrgeiziger junger Mann, aber er hatte durchaus gefühlt, welch liebevolle und warmherzige Gefährtin – ganz abgesehen von ihrer Schönheit – ihm da zugesellt worden war. Er liebte Angela, er bewunderte sie und er genoss ihre Bewunderung, die ganz unübersehbar war. Dass ihre kluge Mutter ihn auch bewunderte, tat seinem Narzissmus wohl – er hatte das Gefühl, seine Sache bei Angelas Eltern gut gemacht zu haben. Dass Angela irgendwie unzufrieden war, verstand er nicht. »Zickenstreit« nannte er es bei sich. Aber psychologische Feinfühligkeit war sowieso nicht seine Stärke. Dass Sieglinde nun sehr oft anrief und meist nach ein paar Sätzen mit Angela ihn sprechen wollte (immer gab es irgendeine Sachfrage zu klären!), beschäftigte ihn nicht. Er fand dies verständlich. Angela war nun wirklich schwanger und freute sich sehr auf das Kind, er selbst fand ebenfalls, dass dies zur Komplettierung einer Beziehung gehöre.

Er konnte sich daher vor Staunen nicht fassen, als Angela ihn nach einem Halbstundengespräch mit ihrer Mutter (sie selbst hatte mit ihr fünf Sätze gewechselt – Anfrage nach Schwangerschaftsbeschwerden) an den Tisch bat und ihm erklärte, dass sie dies nun nicht mehr dulden würde. Sie hätte mit ihrer Mutter immer große Schwierigkeiten gehabt, sie wisse auch, warum, und es sei nun endgültig Schluss mit diesem Herumgeturtel. Notfalls könne sie mit dem Kind auch alleine zurechtkommen. Dies sei nun einmal der wunde Punkt in ihrem Leben, und wenn er darauf keine Rücksicht nähme – dann müsse sie eben ohne ihn auskommen. Viktor war sprachlos. So hatte er die ganze Sache noch nie gesehen. Er wehrte sich, wiegelte ab – aber Angela blieb hart. Sie würde nicht mehr weitervermitteln, und außerdem wünsche sie eine Hochzeit ganz ohne Familie. Außerdem werde sie die Besuche daheim auf ein Minimum beschränken – und ihr Kind (hoffentlich auch bald einmal mehrere) vertraue sie sehr gerne seiner Mutter an, aber ihre Mutter würde keinen Zugriff bekommen. »Ich weiß, wie sie ihre Vorurteile auslebt, wie grausam sie sein kann – nicht mit unseren Kindern.« Und dabei blieb es. Viktor fand sich schwer zurecht mit Angelas Hartnäckigkeit, hatte sie von dieser Seite wohl auch noch nicht kennen gelernt – aber er lernte es, sie zu respektieren. Sieglinde hatte ihre Tochter schon lange vor diesen Ereignissen verloren – die Chance zur Wiedergutmachung aber hatte sie verspielt.

Hier klingt ein uraltes Thema an. Oft wird es in das »Stiefmutter-Thema« verpackt: der Neid der Alten auf die Jungen, vor allem der Neid der Mutter auf die Tochter. Zuerst war Sieglinde stolz gewesen auf das schöne kleine Mädchen, das von allen Menschen bewundert wurde. Dass die Tochter ihr intellektuell nicht das Wasser reichen konnte, war fast eine Art von »Trost« – zuerst einmal. Schulversagen aber war dann doch auch etwas, was ihre Eitelkeit verletzte. Als aber die Schönheit der Tochter auffiel und von allen Seiten bestätigt wurde – ein wunder Punkt in der Biografie Sieglindes –, da war es zu Ende mit ihrer Toleranz. Hier nun endete alle Mutterliebe und machte einer wahren »Schneewittchen-Stiefmutter« Platz. Ihre Tochter konnte ihrem Ego von da an in keiner Weise genügen: einerseits »dumm« (wie sie fand), andererseits aber durch ganz unverdiente Gaben doch anerkannt (dass auch Intelligenz nicht »verdient« wird, war ihr entfallen) – und dann noch durch eine Gabe, die ihr versagt geblieben war! Sieglinde geht offenbar über (psychische) Leichen, wenn ihre Eitelkeit verletzt wird. Welch wunderbare Rache, nun über den neuen Schwiegersohn der Tochter nochmals zu zeigen, dass sie nichts wert ist. Welch trauriger Sieg aber – nun verliert sie alles, was ihr Leben bereichern könnte – die ganze kleine Familie; und übrigens eine Tochter, die trotz allem noch bereit gewesen wäre, sich mit der Mutter zu versöhnen. Dass Angela sich doch noch Selbstbewusstsein bewahren konnte, dass sie um ihr Glück kämpft und die Situation schnell durchschaut: Das ist neben einer glücklichen Veranlagung bestimmt der Großmutter zu verdanken. Diese hatte das kleine Mädchen und später auch den Teenager in besonderer Weise geliebt und bevorzugt. Sie hatte wohl gemerkt, dass ihre Schwiegertochter hier grobe Fehler machte, und tat alles, um dies wieder gutzumachen. Das war ihr offenbar gelungen. Dass Viktor trotz seines geringen Verständnisses sich auf Angelas Seite schlägt, zeigt, dass auch er spürt, wie viel er an Angela verlieren könnte. Und das wurde ihm auch später, als Angela ihre vier Kinder mit großer Sorgfalt und Liebe erzog und dabei auch seine Karriere nicht vernachlässigte, mit jedem Jahr klarer. Er war – das ist nicht selbstverständlich – dafür sehr dankbar.

Verständnis für die Schwiegermutter

Es ist ein gewisser Abstand von sich selbst und von den eigenen Gepflogenheiten nötig, um ein Schwiegerkind oder eine Schwiegermutter in ihrer Eigenart wahrzunehmen und nicht gleich mit dem eigenen Familiensystem und seinen Werten zu vergleichen. Und das Wichtigste: dass weder die Ältere noch die Jüngere erwartet, dass sich sofort familiäre Beziehungen entwickeln. Auf rationaler Ebene denkend erwarten dies auch die wenigsten. In unserer Klein-Familien-Gesellschaft sind aber die Bindungen nach innen sehr fest – auch wenn es nach außen hin nicht unbedingt immer so aussehen mag. Liebe, Schuldgefühle, Hass: Das alles kommt in der Kleinfamilie mit den hohen Erwartungen an die Kinder (in der Zwei-Kinder-Familie lastet eben mehr Druck auf den Kindern als bei fünfen oder sechsen!) ungemischt oder ineinander verwoben vor. Natürlich werden solche Gefühle auch verborgen, abgewehrt, verleugnet – aber alles in allem herrscht in den meisten Familien hohe Aufmerksamkeit auf jedes einzelne Familienmitglied. Dies gilt in hohem Maß für den Mittelstand; für sozial randständige Familien oder sehr arme Menschen gelten nicht unbedingt dieselben Mechanismen.

Kommt ein neues Mitglied dazu, dann weiß man zwar, dass hier nicht »eine neue Tochter« oder »ein neuer Sohn« kommt, aber die nicht ganz bewussten seelischen Bewegungen erhoffen sich doch innige Bindungen, vielleicht sogar eine Korrektur von schwierigen Beziehungen zu den eigenen Kindern. Dies alles kann zu Enttäuschungen führen.

Sich aber sofort als die neue Mutter zu gebärden, ist gefährlich. Bei jedem Kind spürt man, dass man als Fremder sich nicht sofort auf dieses stürzen sollte, als wäre man schon lange mit ihm vertraut. Kinder merken sofort, dass hier jemand einen Platz beansprucht, der ihm nicht zukommt. Dementsprechend weichen sie aus, laufen davon oder werden frech. Man sollte neue Familienmitglieder so sorgfältig behandeln wie kleine Kinder: freundliche Distanz, langsames Näherkommen und Ausloten dessen, was der (die) Neue eigentlich ist und will. Aber nicht nur die Schwiegermütter, auch die Schwiegertöchter und Schwiegersöhne müssen seelische Arbeit leisten, wenn das familiäre Verhältnis gut sein soll. Wie auch immer das Verhältnis der Mutter zu ihrem Sohn oder ihrer Tochter ist – die »Schwieger« sind Fremdkörper, die langsam lernen müssen, wie man das fremde Familienleben auffassen muss, um nicht sofort anzuecken. Natürlich sind auch hier die am häufigsten bewitzelten und problematisierten Verhältnisse die zwischen Schwiegermüttern und den Schwiegertöchtern, die den Sohn »wegnehmen, schlecht beeinflussen, nicht verstehen«. Schwiegertöchter sind gut beraten, wenn sie dies in irgendeiner Weise voraussetzen – egal, wie offen oder versteckt solche Gefühle auftreten mögen. Für viele, natürlich nicht für alle Mütter ist es tatsächlich schwer, wenn einer anderen Frau eindeutig der Vorzug gegeben wird.

Dies kann Ärger, Abwertung und Enttäuschungen auch aufseiten der Schwiegertöchter und Schwiegersöhne nach sich ziehen.

Oft finden die Schwiegersöhne bzw. -töchter das erste Treffen mit der Schwiegermutter gar nicht sehr problematisch – negative Gefühle kommen erst viel später, nämlich dann, wenn der Partner/die Partnerin nicht mehr dem Ideal entspricht, das man sich vor dem intimen Kennenlernen gemacht hat. Dann werden in unserem psychologischen Zeitalter die Mütter schuldig gesprochen. »Weißt du, dass Erwin noch bis zu unserer Hochzeit, wenn er daheim war, von seiner Mutter das Müsli zubereitet bekommen hat? Der liebe kleine Junge musste nicht mal einen Apfel reiben oder Milch in die Schüssel tun… Und so sieht es bei uns jetzt auch aus. Zuerst war ich zu Beginn noch so dumm und habe ihn auch von Kopf bis Fuß versorgt – dabei bin ich mir immer mehr wie seine Mami vorgekommen. Die Alte hat ihn so was von verwöhnt, der ist fürs Eheleben ganz und gar untauglich! Die Besuche bei ihr sind mir verhasst.«

»Ganz wie seine Mutter – mit der kann man auch keine Konflikte austragen« und Ähnliches mehr.

Offeneren Widerwillen zeigte Anne gegenüber ihrer Schwiegermutter: »Gleich, als wir das erste Mal zu ihr gegangen sind, war die Atmosphäre frostig. Die ›Mama‹, wie ich sie nennen sollte, hat mir dauernd erzählt, wie viel Arbeit Gäste machen und dass sie noch nicht einmal fertig sei mit dem Überziehen meines Bettes, weil der Kuchen noch nicht fertig ist etc. Du kannst dir vorstellen, wie gemütlich das für mich war.« Was diese – sicher ungehörige – Jammerei von Annes Schwiegermutter vielleicht zu bedeuten hatte – daran dachte Anne nicht. Hätte es nicht vielleicht auch Angst sein können?

Schwiegersöhne allerdings sind oft bei den Schwiegermüttern beliebter. Die Hoffnung auf einen neuen Sohn oder Mann sind gerade beim Kennenlernen oft groß. Enttäuschungen in der eigenen Ehe soll manchmal der Schwiegersohn kompensieren – er soll helfen, die »männlichen« Arbeiten verrichten und Ähnliches mehr. Die Sehnsucht, im Schwiegersohn nun vielleicht doch einen »idealen« Mann zu finden, mag öfter, als Schwiegermütter sich das eingestehen, eine Rolle spielen. Manchmal – und auch davon handeln ja einige der kleinen Erzählungen – ist es auch weibliche Konkurrenz, die eine Rolle spielt. Die eigene Tochter soll nicht glauben, dass sie die Einzige ist, die einen solchen Mann für sich gewinnen kann.

Ulrich, der ideale Schwiegersohn

Ulrich, ein Biochemiker von etwa 30 Jahren, wurde von Elena ihrer Mutter vorgestellt. Elena lebte schon seit mehreren Jahren in einem anderen Land, besuchte aber ihre verwitwete Mutter recht häufig und bewunderte sie aus vielerlei Gründen. Diese Frau hatte ihr Schicksal als Kriegerwitwe sehr tapfer und ohne viel Jammern ertragen, war lebenslustig geblieben und trotz finanzieller Engpässe immer optimistisch. Sie hatte Elena finanziell unterstützt, wo sie nur konnte; dass diese nun – sehr geschickte Juristin, die sie war – auch auf internationaler Bühne mitspielen durfte, verdankte sie zu einem nicht geringen Teil ihrer aufopferungsvollen Mutter. Elena war es nicht entgangen, dass ihre Mutter – eine sehr attraktive Frau – auch immer wieder großzügige Unterstützung von diversen Männern erfuhr – Elena hatte gelernt, hier nicht allzu eng zu denken. Der letzte Freund ihrer Mutter, ein verheirateter Mann, schien sie aufrichtig zu lieben. Obwohl er nun schon weit über achtzig war, besuchte er sie häufig und sprach ganz offen davon, dass sie seine »letzte und größte Liebe« sei.

Elena selbst hatte es mit etlichen Männern versucht – aber nie hatte sie so sehr das Gefühl gehabt, dies sei nun der »Richtige« wie bei Ulrich … Sie hatte ihrer Mutter denn auch mitgeteilt, dass sie sich nun endlich auf einen »richtigen« Schwiegersohn einstellen solle.

Ihre Mutter, Marlene, war dementsprechend gespannt. Sie versuchte alle Erwartungen zu erfüllen, die »man«, wie sie dachte, als Schwiegersohn haben konnte. Sogar das Doppelbett war für die beiden gerichtet. Dies war nun schon mal für Ulrich seltsam; er fand, dass es »übergriffig« sei. Nun gut, der üppig gedeckte Tisch mit Champagner und Lachs war ja sicher als Aufmerksamkeit gedacht – aber Ulrich hätte alles lieber ein wenig einfacher gehabt, ihm war gar nicht wohl bei so viel Respekt und Fürsorge. Marlene sprach ununterbrochen, und Ulrich hatte bald schon das Gefühl, dass er hier nicht wichtig sei, weil Marlene ihm so furchtbar viel uninteressante Neuigkeiten aus ihrem Freundeskreis und ihrer Familie erzählte, wobei Ulrich all die vielen Onkel und Tante und Freundinnen und Freunde verwirrten. Eines aber kam klar heraus: Marlene hatte offenbar viele einflussreiche Bekannte und in ihrer Familie gab es auch ungemein hoch gestellte Persönlichkeiten und begabte Menschen, die höchstens durch die Ungunst des Schicksals nicht ganz so angesehen waren, wie es ihnen eigentlich zukam. Darunter befand sich natürlich auch Marlenes Vater, der leider mit 27 Jahren im Krieg geblieben war, aber als Elektrotechniker fast schon ein Patent hätte anmelden können, wenn nicht ... usw.

Ulrich fing an, vor sich hinzudösen. Frauen wie Marlene fand er grässlich. Er hatte solche Tanten und konnte in dem hoch gestochenen Zeug, das diese Frau da vor sich hinplapperte, nichts Wichtiges erkennen – außer dass sie einfach eine Selbstdarstellerin war. Elena hatte zu ihm sehr bewundernd von ihrer Mutter gesprochen – er war gespannt gewesen auf diese doch offenbar sehr tüchtige und interessante Frau. Dass sie den Männern mehr zugetan war als in dieser Generation der Kriegerwitwen üblich, hatte ihm gefallen. Ulrich war ein moderner junger Mann, dem es imponierte, wenn jemand gegen den Strom schwamm.

Aber dies: welche Enttäuschung! Er gähnte, er rutschte auf dem Sessel herum, er trank auch zu viel und stand irgendwann – mitten während einer Erzählung über eine längst verstorbene Tante, die solch wunderbar langes Haar gehabt hatte, dass es bis zu den Kniekehlen reichte – brüsk auf und fragte, ob er ins Bett gehen dürfe. Er sei von der langen Fahrt müde.

Als Elena schließlich – sie hatte mit ihrer Mutter noch

einen letzten Verdauungsschnaps getrunken – ins Bett kam und ihn fragte, wie er denn ihre Mutter eigentlich finde, sagte er klipp und klar, denn das Drumherumreden war nicht seine Art: »Ziemlich bescheuert! Redet die immer solchen Unsinn?«

Elena, die von Ulrichs Menschenkenntnis immer viel gehalten hatte, war verwirrt. Ihre wunderbare Mutter, von der alle Menschen – Männer und Frauen – immer wieder betonten, wie reizend und charmant sie sei, welch gute Unterhaltungsgabe sie habe und wie sehr man Elena um sie beneiden könne, diese Mutter also bezeichnete Ulrich als »bescheuert«? Elena, die so viel kühler und rationaler als ihre Mutter war, hatte vorbehaltlos mit eingestimmt in den Chor der Bewunderer. Nun begriff sie plötzlich, dass man diese Mutter auch anders sehen konnte, dass man ihrem charmanten Unsinn (ja, das musste Elena zugeben – so sehr gescheit war das alles nicht gewesen, was sie da erzählt hatte) nicht verfallen musste. Man konnte ihre Mutter auch einfach »uninteressant« finden. Elena war bestürzt, gekränkt und in irgendeiner Ecke ihres Herzens auch ganz zufrieden. Ulrich, der kluge und vernunftbegabte Mann an ihrer Seite, schien also solch typisch »weibliche« Frauen gar nicht so gerne zu mögen. Hieß dies dann auch, dass er sie selbst, Elena, die ganz und gar nicht wie ihre Mutter war, sehr viel höher einschätzte? Elena hatte sich in gewisser Weise ihrer Mutter gegenüber immer im Nachteil empfunden. Konnte sie jemals dieses Vorbild an Eleganz und Weiblichkeit erreichen? Würden ihr je die Männer in dieser Weise zujubeln? Das waren zwar nicht sehr wohl überlegte Gedanken, aber irgendwie gab es diesen leisen Unterton in ihrer Beziehung zur Mutter eben doch. Andererseits: Wie viel hatte sie ihr zu verdanken! Wenn sie daran dachte, wurde sie wütend auf Ulrich. Und so weckte sie den nun schon Schlafenden wieder auf: »Ich finde das übrigens gemein von dir, du hast keine Ahnung von meiner Mutter ... das ist eben ihre Gesellschaftsseite, die du siehst, ihre anderen Seiten muss man aber auch sehen können, aber du bist eben nicht besonders sensibel – typisch Naturwissenschaftler«, so maulte sie einige Zeit lang halblaut vor sich hin. Urich antwortete nur mit leisem Gähnen und sanften Beschwichtigungen, bis auch sie einschlief.

Elena hatte mit ihrem Nachtgespräch aber doch einiges bewirkt. Ulrich war liebenswürdiger an diesem nächsten Morgen, erzählte auf Befragen auch seinerseits von seiner Familie und rang sich sogar durch, ein Kompliment in Bezug auf das Morgenkleid von Elenas Mutter zu machen. Marlene konnte das Gefühl haben, dass ihr Schwiegersohn recht nett sei.

Und Ulrich? Er konnte zwar Elenas Gefühle irgendwie verstehen, aber wirklich wohl fühlte er sich in der Gegenwart seiner Schwiegermutter nicht. Oberflächlich sei sie, so fand er; gesellschaftlich zwar ganz kompetent, aber nur für andere Gesellschaftsmenschen. Was hatte sie eigentlich an profundem Wissen zu bieten?

Seine eigenen Eltern waren sehr ernsthafte Menschen gewesen. Er hatte beide früh verloren, hatte aber nach wie vor große Hochachtung vor ihnen. Fromm waren sie gewesen, auf eine sehr bescheidene Art, hatten anderen Menschen geholfen, wann immer es ging, immer waren da irgendwelche Arme zu versorgen gewesen, man hatte zu Weihnachten viele Einsame um sich geschart, aber die Wohltaten waren nicht auf Weihnachten beschränkt geblieben. Seine einzige Schwester hatte dieses Erbe sozusagen übernommen. Wenn er zu ihr »heimkam« – so nannte er es –, dann ging es dort ganz ähnlich zu. Ihr Mann war Pastor, diese Art von bescheidenem, aber sozial aufwändigem Leben hatte sich dort erhalten. Ulrich hasste alles, was »gesellschaftlich« war: das nichts sagende Reden, den Stolz auf soziale Reputation – und genau dies war es, was seine Schwiegermutter verkörperte. Wie gut, dass Elena nicht zu dieser Gruppe ihm verhasster Frauen gehörte!

Es dauerte sehr lange, bevor er merkte, dass Elena mit ihrer Verteidigung der Mutter nicht Unrecht hatte. Ihre geschwätzigen Reden wurden zwar mit der Zeit nicht besser, aber Ulrich lernte sie auch von anderen Seiten kennen und musste irgendwann zugeben, dass sie eigentlich doch auch »eine ziemlich nette Frau« sei. Dieser Umschwung verdankte sich vor allem der Tatsache, dass er immer wieder von Bekannten Marlenes aufschnappte, wie sehr sie geholfen hatte: mit Rat, mit materiellen Gütern, mit Gefälligkeiten oder Fürsprachen bei einem ihrer »hoch gestellten« Bekannten. Langsam änderte sich das Bild. Ulrich fand manchmal sogar, dass Marlene in einiger Hinsicht seinen – nunmehr vermutlich auch idealisierten – Eltern gar nicht ganz unähnlich war. Genau in dieser Weise hatten sie, wenn sie von Nöten anderer Menschen hörten, reagiert: sofort überlegt, wie man helfen könne, ob man nicht sofort vermitteln könne, einladen oder Trost zusprechen. Nein, Marlene war – und hier musste Ulrich dann doch sein Cliché von »Gesellschaftsdamen« ändern – in ihrer Art eine großzügige und hilfsbereite Frau. Und ihr Geschwätz über feine Bekannte und reiche Wohltäter? Nun ja – das musste man eben ertragen.

Es kann eine feste Mutter-Tochter- oder Mutter-Sohn-Beziehung ganz schön durcheinander bringen, wenn nun ein Außenstehender die Mutter mit anderen Augen betrachtet, als man selbst dies tut. Dies kann in beide Richtungen zu einer Neuorientierung führen: Die Mutter kann plötzlich von ihrem Sockel gestoßen werden, sie kann aber auch in freundlicherem Licht gesehen werden. Der/die »Dritte« hat einfach eine andere Perspektive und die Nähe zum Partner/zur Partnerin bewirkt oft, dass man diese Perspektive übernimmt oder zumindest in Betracht zieht. In ausgeprägter Form war dies bei Richard der Fall:

Richard war der einzige Sohn, die etwas ältere Schwester war schon als Kind durch einen Autounfall umgekommen, und zu allem Unglück war bald darauf auch sein Vater (da war er elf Jahre alt gewesen) an Krebs erkrankt und nach längerer Krankheit gestorben. Richard hatte also schon als Kind sehr viel Jammer und Leid erleben müssen und es hatte lange gedauert, bis daheim wieder einmal gelacht wurde.

Richard aber war ein kräftiges Kind; er gewann leicht Freunde, er ging in einen Jugendclub, in dem er Musik machte und wandern ging – mit einem Wort, Richard war nicht allzu viel zu Hause, wo ihn stets von neuem Kummer umfing. Seine Mutter war immer freundlich, tat alles für Richard, ließ ihn auch sein eigenes Leben leben – aber wenn er seinen eigenen Aktivitäten nachging, hatte er doch immer wieder ein schlechtes Gewissen und fühlte sich verpflichtet, von auswärts anzurufen, sich nach ihrem Befinden zu erkundigen und ein kleines Geschenk mitzubringen. All dies tat er ungern, und Richard hatte oft das Gefühl, ein nicht allzu guter Sohn zu sein. Es langweilte ihn, bei seiner Mutter einen Abend zu verbringen, und meistens richtete er es so ein, dass er dann am späteren Abend doch noch irgendeinen Freund besuchen musste. Ganz schlimm war es, als er anfing, mit Mädchen auszugehen. Seine Mutter »verstand« dies zwar, aber ihre traurigen Augen begleiteten ihn nur allzu oft.

Kein Wunder, dass Richard, ein Bauingenieur, sehr gerne Arbeiten an weit entfernten Baustellen annahm und dazu noch weite Ferienreisen ins Ausland organisierte.

Als Maria, seine feste Freundin, in sein Leben und in das seiner Mutter trat, fürchtete er das erste Zusammentreffen.

Er dachte, Maria würde seine Mutter wohl langweilig finden und in ihrer spitzen Art irgendetwas Abfälliges äußern. Er fand seine Mutter ja selbst ziemlich langweilig. Es lief aber alles sehr viel besser, als er gedacht hatte.

Er hatte vorher viel über sein Leben als Einzelkind einer Witwe – noch dazu mit der Bürde einer idealisierten toten Schwester belastet – geklagt, und Maria fürchtete sich ebenfalls ein wenig vor einer Mutter, die wohl allzu klammernd und allzu vorwurfsvoll war. So stellte sie sich die neue »Schwiegermutter« zumindest vor.

»Du wirst sehen, es gibt wieder viel zu viel zu essen – sie glaubt immer, das müsste so sein, ich soll genudelt werden, damit ich daheim bleibe.«

Tatsächlich war der Tisch reichlich gedeckt – aber Maria fand eine sehr viel freundlichere Interpretation: »Wie soll sie dir ihre Liebe sonst zeigen? – Du lässt sie ja nicht an dich herankommen« – das bemerkte die psychologisch versierte Maria schon am ersten Tag.

Sie selbst kam aus einem großen und munteren Familienkreis und hatte Einzelkinder immer bemitleidet. Richard war, ihrer Meinung nach, aber gar nicht das »typische« Muttersöhnchen, im Gegenteil. Was ihr nicht klar war, war die Tatsache, dass Richard durchaus auch einen Typ des »Einzelkinds« verkörperte, allerdings in der sozusagen »umgedrehten« Variante. Er hatte sich nicht als Muttersohn zähmen lassen, sondern war geflohen. Dies war die kräftigere Version, aber es steckte auch sehr viel an Unbeweglichkeit und Ressentiment darin. Maria war oft schockiert darüber, wie hart er seine Mutter, diese leidgeprüfte Frau, beurteilte. Ja, sie litt oft allzu offensichtlich, wenn Richard wegging, sie jammerte recht häufig über seine vielen Auslandsaufenthalte. Aber andererseits: Sie hatte ihn ziehen lassen und war so sehr glücklich, wenn er ihr etwas mitbrachte. Alle seine kleinen Geschenke standen wie Trophäen aufgereiht in ihrem Schlafzimmer: kleine Figürchen aus Ton und Glas (Mutter Emma sammelte diese), Bücher mit besinnlichen Gedichten, einige Fotobücher über fremdartige Landschaften und Ähnliches mehr. Wenn sie ihren breiten Kaschmirschal umlegte, sagte sie jedes Mal: »Von meinem großzügigen Sohn«, und strahlte dabei. Maria fand dies alles nicht nur rührend, sondern auch bemerkenswert und ließ Richard sehr klar wissen, dass sie seiner Mutter gegenüber einen anderen Blick hatte als er. »Sie hat ihr schweres Schicksal besser gemeistert als viele andere! Und: Sie hat dich nicht zum Jammerlappen gemacht – das ist eine große Leistung für eine Frau ihres Schlags. Sie hat sich auf ein bescheiden glückliches Familienleben mit Mann und Kindern eingerichtet – und alles wurde ihr aus der Hand geschlagen. Dass sie nicht ein Ausbund an Fröhlichkeit ist – das kann man ihr nicht verdenken …« Und Richard war es sehr zufrieden, dass Maria sich stundenlang alleine mit seiner Mutter unterhielt, mit ihr ins Café ging und überhaupt eine Art von weiblicher Solidarität zeigte, die ihn seine Mutter plötzlich doch als eine Art kleine bescheidene Heldin sehen ließ.

Und was sagt Mutter Emma dazu? Sie ist sehr glücklich über ihre Schwiegertochter. Der Platz der verstorbenen Tochter war immer leer geblieben, nun hat Maria ihn aufs Beste besetzt. Mutter Emma kann das auch genau so benennen: »Ich habe wieder eine Tochter bekommen; Gott nimmt nicht nur.«

Diese Schwiegermutter ist ein Problemfall

Annemarie kommt aus einem sehr kultivierten Elternhaus. Ihr Vater, der Inhaber mehrerer Drogerien, ist alles andere als ein nüchterner Geschäftsmann. Seine Hobbys sind ganz und gar auf die bildende Kunst hin ausgerichtet. Er ist ein großer Sammler, besucht jede einigermaßen interessante Vernissage und hat offenbar auch schon mehrere nunmehr sehr wertvolle Bilder und Kleinplastiken zu einer Zeit angekauft, als sie noch erschwinglich waren. Annemaries Mutter teilt die Interessen ihres Mannes, ist aber auch eine begeisterte Konzertbesucherin (ein Bereich, der dem Vater weniger liegt) und gilt als eine sehr gute Kennerin des Musiklebens. Natürlich hat man eine reichhaltige Plattensammlung. Ihr eigenes Flötenspiel ist zwar nicht gerade professionell zu nennen, aber sie nimmt unverdrossen Stunden bei einer Flötistin des heimischen Orchesters und hat ihre Freude daran.

Annemarie hat dieses kulturelle Flair ganz selbstverständlich »eingeatmet« und war dementsprechend schockiert, als sie mit Josephs Mutter, der frommen Anhängerin einer christlichen Sekte, zusammentraf.

Schaurig, diese Wohnungseinrichtung! An der Wand hingen Drucke mit süßlichen Jesus-Darstellungen und irgendwelchen verzückt und verdreht aussehenden Heiligen. Ein großes Kreuz schmückte das Vorzimmer und auf den vielen gehäkelten Deckchen auf diversen Wohnzimmertischchen standen Nippes der billigsten Art.

Annemarie liebte Joseph, seit sie 15 war – er war in der Parallelklasse gewesen, und die beiden waren einige Zeit lang ein Händchen haltendes Paar gewesen. Irgendwann waren sie auseinander geraten, beim Abiturfest war schon jeder mit einem anderen Partner zusammen gewesen. Erst vor einem Jahr aber waren sie wieder aufeinander getroffen – und, o Wunder: Die alte Liebe war wieder aufgeflammt, jetzt natürlich, mit ihren 30 Jahren, gereifter und verständiger – sie sahen nun keinen Grund mehr, es nicht miteinander zu versuchen. Sie waren dabei zusammenzuziehen. Beide waren in einem großen Krankenhaus beschäftigt. Joseph war Pflegedienstleiter, Annemarie arbeitete in der

Verwaltung. Auf dieser Basis hatten sie sich auch wieder getroffen. Sie verdienten ganz gut, man konnte sich einiges leisten. Annemarie hatte Joseph recht bald zu ihren Eltern gebracht, das war ganz unproblematisch gewesen. Diese hatten ihn selbstverständlich in ihren Kreis aufgenommen, Joseph sah keine Probleme.

Dass er Annemarie erst so viel später mit seiner Mutter bekannt machte, das konnte Annemarie nun verstehen. Welch unpassende Verwandtschaft – wenn man es so ausdrücken mochte! Wie mochten ihre Eltern mit dieser Frau wohl zurechtkommen?

Diese Engstirnigkeit, dieser kleine Horizont! Und der Geschmack…

Natürlich gab es zu einem recht banalen Abendessen mit Leberwurst und Mett süßlichen Wein aus dem Discount-Laden, ein Tischgebet wurde gesprochen, mit dem Annemarie gar nichts anfangen konnte. Verstohlen schaute sie zu Joseph, der mit rotem und gesenktem Kopf dasaß und irgendetwas murmelte.

Annemarie wurde ärgerlich, sie kam sich betrogen vor. Ihr Ärger schlug in Wut um, als Josephs Mutter sie über ihre Religion ausfragte. Es müsse doch jeder Mensch eine Religion haben! – Wie könne man leben, ohne an Gott zu glauben, der sich doch so eindeutig in seinen Werken offenbare… Annemarie fühlte sich in ihre Konfirmandenstunden zurückversetzt, in denen sie sich auch gelangweilt hatte. Dass dieses »hässliche fromme und dürre Wrack« (so nannte sie jetzt schon Josephs Mutter innerlich) dann auch noch meinte, sie würde für Annemarie beten, war aber zu viel. »Danke, das ist nicht nötig«, sagte sie spitz, worauf die Mutter seufzend schwieg und nicht mehr viel von sich gab.

Welch misslungener Abend!

Schweigend ging das Paar durch den Herbstabend. Wer sollte nun mit dem Reden anfangen? Annemarie fragte schließlich, was denn mit Josephs Vater sei? Dass die Eltern getrennt lebten, wusste sie, aber wo war er und wieso war er an diese Frau geraten?

Annemarie ging auf, dass sie wenig über Josephs Familie wusste.

Ja, da gab es noch eine Schwester, aber die hatte den Kontakt zur Familie fast abgebrochen (das konnte Annemarie gut verstehen!) und Joseph sah sie nur sehr selten, weil sie in einem anderen Land lebte.

Annemarie fragte sich jetzt selbst, wieso sie sich nie für Josephs Familie interessiert hatte. Nun ja, er selbst hatte von sich aus nicht gerade viel erzählt, Annemaries Schilderung ihrer interessanten und interessierten Eltern war so sehr viel lebendiger gewesen. Nun, kein Wunder, so dachte sie nun.

Joseph seufzte. »Du findest sie furchtbar, nicht?«, sagte er schließlich. Annemarie nickte vage. »Merkwürdig«, sagte sie nur. Und Joseph erzählte ihr nun zum ersten Mal von der schweren psychischen Erkrankung der Mutter, die vor 15 Jahren die Familie auseinander getrieben hatte. Die Mutter war schon sehr lange voll von paranoiden Ideen gewesen, die Kinder waren vor jedem Schulgang dringlichst angehalten worden, sich bei jeder Ecke zu vergewissern, ob dort nicht böse Menschen lauerten, manchmal aber ließ sie die beiden gar nicht aus dem Haus, weil sich »irgendetwas zusammenbraut«, wie sie meinte. Das Leben zu Hause war mit der Zeit eine reine Hölle geworden. Der Vater, ein etwas hilfloser kaufmännischer Angestellter in einem Mittelstandsbetrieb, wusste nicht ein noch aus. Erst als die Mutter die Fenster mit Spanplatten zu vernageln begann (»Die Nachbarn wollen uns hier ausräuchern«), wandte er sich an einen Arzt. Eine Zwangseinweisung ließ sich nicht mehr umgehen; die beiden Kinder, noch halbwüchsig, waren mehr oder weniger auf sich selbst angewiesen. Als die Mutter wieder heimkam, immer dösig wegen der Medikamente, aber wenigstens nicht mehr psychotisch, normalisierte sich das Leben wieder. Die Mutter aber ging seltsame Wege – den »Weg zu Gott«, wie sie meinte. Es war nicht die offizielle Kirche, sondern irgendeine eher private Religionsgemeinschaft, der sie sich mit aller Inbrunst anschloss; einer der Führer dieser Gemeinschaft wurde auch ihr Seelenführer, und dies tat ihr offensichtlich gut. Zwar wurde sie dadurch für ihre Kinder nicht sehr viel präsenter – sie verbrachte allzu viel Zeit mit ihrer Gruppe –, aber es gab keinen wirklich großen Einbruch mehr. Gewisse Eigentümlichkeiten blieben – ihr Seelenführer aber konnte sie aus allzu verschlossenen Stimmungen jedes Mal ganz gut befreien, sodass die Kinder, nunmehr sehr früh erwachsen, ihn immer wieder mit Erfolg zu Hilfe riefen. Letztlich war ihnen der Weg ihrer Mutter sehr recht und sie lebten unabhängig von ihr und auch vom Vater, dem das fromme Treiben bald schon zu viel geworden war. Er zog aus und lebte vermutlich mit einer »Bekannten«, wie er das verschämt nannte, zusammen.

Annemarie war verstört und auch entsetzt, als sie all das hörte. Sie hatte in ihrer Kliniktätigkeit viel medizinisches Wissen mitbekommen, und natürlich wusste auch Joseph, dass eine solche Veranlagung zur Psychose zu einem Teil erblich war. Wollte Annemarie wirklich mit einem solcherart belasteten Mann eine Familie gründen? Sie war plötzlich ganz unschlüssig und fühlte sich übrigens auch von Joseph in gewisser Weise hintergangen. Lange, lange Diskussionen zwischen den beiden begannen. Statistiken wurden durchgesehen, Fachleute befragt. Nach kurzem Zögern wurde Annemarie sich darüber klar, dass sie in Joseph trotz allem ihre große Liebe wiedergefunden hatte – aber sollten sie Kinder bekommen? Eine Adoption wurde erwogen, dann aber erwies sich ein natürliches Empfinden als stärker und

Annemarie dachte, dass man schließlich im Leben dauernd irgendwelche Risiken einging. Und so stark belastet war die Familie schließlich dann doch auch nicht – außer der Schwiegermutter gab es weit und breit in den beiden Familien keine psychischen Krankheiten. Und war es nicht wirklich ein sehr bemerkenswerter Zug an Joseph, dass er als Einziger der Familie sich um die Mutter kümmerte?

Erst nach diesen Überlegungen konnte Annemarie wieder ihrer zukünftigen Schwiegermutter begegnen. Nun, mit ihrem Wissen, fiel es ihr leicht, über kleinere und größere Merkwürdigkeiten hinwegzusehen. Sie fing sogar an, sie liebenswert zu finden. Was schadete es schon, wenn sie beim Tischgebet den Kopf senkte? Und warum sollte die Schwiegermutter nicht für sie beten? – Es war freundlich gemeint. Nach und nach bemerkte sie auch, wie diese schwer belastete Frau versuchte, ihr kleine Liebesdienste zu erweisen: Sie häkelte Deckchen mit einem großen »A« darauf, sie kaufte Annemaries Lieblings-Käsesorte und schenkte ihr eine Duftkerze, weil Annemarie einmal geklagt hatte, ihre Nachbarn würden zu oft Kohlgerichte kochen. All dies rührte Annemarie. Als eines Tages die Schwiegermutter mit einem Herzinfarkt tot zusammenbrach, war sie ehrlich traurig und fühlte den Verlust.

Ihre beiden Kinder aber waren so gesund und munter, wie man es sich nur wünschen kann.

Tipps und Hinweise für beide Seiten

Was aber kann man Schwiegermüttern und Schwiegerkindern empfehlen, wenn sie mit der »anderen« Familie irgendwie zurechtkommen müssen?

Ich denke, dass aus den vielen Berichten klar wurde, wie schwierig es ist, »allgemeine« Ratschläge zu geben.

Wichtig ist – und das gilt dann doch für alle Konstellationen –, sich darüber klar zu werden, was man sich eigentlich »gewünscht« hat: als Schwiegermutter, als Schwiegerkind. Man sollte nicht bei der Antwort stehen bleiben: »Ach, ich hab mir gar nichts vorgestellt. Ich war da ganz offen …«

Denn meist ist dies nicht so.

Wichtige Personen im Leben – und das gilt für die Konstellation Schwiegermutter–Schwiegerkinder allemal – werden immer aufgeladen mit Fantasien und Wünschen, mit offenen und verborgenen. Das geschieht schon im Vorfeld, wenn man einander noch gar nicht kennt.

Man kann die Schwiegermutter zum Beispiel als »bessere Mutter« fantasieren. Es muss nicht immer eine Enttäuschung sein, wenn man dann der Schwiegermutter »live« gegenübersteht … Möglicherweise ist die Schwiegermutter wirklich eine warmherzige Frau, die intuitiv versteht, dass die Schwiegertochter Sehnsucht nach einer mütterlichen Frau hat, weil sie eine solche bisher nicht um sich hatte. Es kann aber auch zur schnellen Reaktion kommen: »Ach, wieder so eine kalte Frau …«

Magdalene, ein mutterloses Kind, bei einer kühlen Stiefmutter aufgewachsen und ins Internat »verbannt«, geriet in eine Glück verheißende Konstellation. Beim ersten Treffen schon wurde sie von zwei rundlichen Frauenarmen umschlossen und sie spürte: »Nun bin ich zu Hause.« Diese Liebe dauerte an, die beiden Frauen verglichen sich oft mit Rut und Naomi, von denen in der Bibel der Ausspruch überliefert ist: »Wo du hingehst, da will auch ich hingehen ...« (Rut 1,16)

Wird die zukünftige Schwiegermutter aber – vielleicht durch allzu freundliche Schilderung des Freundes oder der Freundin – schon im Vorfeld als die »bessere Mutter« fantasiert, kann es natürlich Enttäuschungen geben, wie bei Lily, einer jungen Frau, die ihr Leben lang unter einer depressiven und jammernden Mutter gelitten hatte. Die Schilderung der neuen Schwiegermutter durch ihren Freund klang wunderbar: lebensprühend, interessiert, gewandt ... das gefiel ihr. Dass die Schwiegermutter sich beim ersten Treffen nur eine Viertelstunde Zeit nahm – »habe unerwartet eine tolle Konzertkarte geschenkt bekommen«, war ihre kurze Erklärung –, enttäuschte sie zutiefst.

Auch alte Ängste der Schwiegertöchter können sich einschleichen: man sei zu wenig wichtig, zu wenig aufregend, zu wenig schön – vielleicht würde man dann in dieses Milieu gar nicht hineinpassen? Bei der Begegnung mit einer anderen Welt tauchen oft alte Komplexe in ihrer ganzen Schärfe wieder auf.

Yvonne zum Beispiel litt immer wieder darunter, dass sie so schüchtern war, ihre Talente konnte sie nie ins rechte Licht setzen, und das hatte ihr schon manche Chance bei fremden Menschen verdorben. Als sie endlich den, wie sie meinte, »richtigen« Mann gefunden hatte, waren ihre Hemmungen seinen offenbar lebensfrohen, interessierten und beliebten Eltern gegenüber riesig. Erst nach längerer Zeit konnten die beiden Frauen sich über ihre »Komplexe« austauschen, wobei sich herausstellte, dass die Schwiegermutter Yvonne nicht nur sehr sympathisch fand, sondern auch ihres attraktiven Äußeren wegen bewunderte – etwas, was ihr selbst versagt geblieben war. Eine Aussprache darüber tat beiden sehr gut und festigte ihr Verhältnis nachhaltig.

Es käme also auch darauf an, dass die eigenen Kinder ihre Partner(in) ein wenig besser vorbereiten: Man sollte die Eltern beschreiben – in ihren Stärken und in ihren Problemen –, aber natürlich muss auch die Schwiegermutter »vorbereitet« werden. Schönfärbereien können das Klima aber natürlich ebenso vergiften wie langwierige Erklärungen, wie problematisch die Beziehung zu den Eltern sei.

Ein Freund erzählte seiner neugierigen und sehr gebildeten Partnerin – als diese ihn fragte, wie denn die zukünftige Schwiegermutter sei, ob sie gerne lese (sie wollte ein passendes Gastgeschenk mitbringen) und was denn ihre Lektüre sei –, seine Mutter sei sehr interessiert, unlängst habe er ihr *Amerika* von Kafka geschenkt. Lange überlegte die Schwiegertochter, welches Buch denn nun geeignet sein könnte. Sie entschied sich schließlich für eine sehr umfangreiche Kafka-Biografie und überreichte der verdutzten resolut-praktischen, aber ganz unliterarischen Hausfrau diese mit den Worten: »Ich habe gehört, Sie interessieren sich für Kafka ...« Diese fühlte sich nicht ernst genommen, stammelte etwas von »wenig Zeit zum Lesen ...« und legte das Buch in ein Regal, wo es auch noch Monate nachher – natürlich ungelesen – lag. »Aber was hast du mir denn da über deine Mutter erzählt?«, fragte die junge Frau später ihren Partner. Der wusste gar nicht mehr, was er da erzählt hatte. »Ach ja – irgendwann habe er seiner Mutter wirklich das Buch empfohlen ...« Die Schwiegermutter fühlte sich unwohl in Gegenwart einer solch belesenen Frau, diese wusste nicht so recht, auf welcher Ebene man Kontakt knüpfen sollte. Das ließe sich zu einem Teil zumindest verhindern.

Aber auch die Mutter muss auf die Schwiegertochter, den

Schwiegersohn vorbereitet werden. Auch hier bauen sich natürlich viele Fantasien auf. Wenn man wenig weiß über die »Neue« (den »Neuen«), dann kann es zu schwierigen Anfängen kommen. »Endlich eine Tochter (einen Sohn)« zu bekommen – das ist meist ein Fehlschluss. Sollte man wirklich eine Tochter ersehnen, dann muss man sich dies als Schwiegermutter meist »verdienen«. Geschenke alleine tun es nicht, wie wir aus einigen Berichten gesehen haben.

Viel ungefährlicher scheint es, wenn man als Schwiegermutter zuerst einmal davon ausgeht, dass man es mit erwachsenen Männern und Frauen zu tun hat, die nicht unbedingt erpicht darauf sind, neue Familienangehörige zu haben. Manchmal kann das zwar zutreffen, aber eine Faustregel ist sicher, dass man annehmen sollte, dass dies nicht selbstverständlich ist. Noch viel wichtiger ist es dann, dass man nicht davon ausgeht, man »kenne« das Leben eben besser oder man »kenne« das eigene Kind besser. Dass dies nicht der Fall ist, sollte man sich sehr gut einprägen. Die eigenen Kinder »kennt« man von einer ganz bestimmten Seite her, manchmal ist die Zeit schon lange vergangen, in der man noch genau wusste, was die Lieblingsspeisen des Sohnes sind und welche Männer die Tochter immer bevorzugt hat. Mit einem Wort: Sie sind erwachsen geworden und haben sich vielerlei Einflüssen ausgesetzt – nicht zuletzt den Einflüssen des neuen Partners (der Partnerin). Die »Hoheitsrechte« auf intime Kenntnisse des eigenen Kindes sind dann unwiderruflich dahin. Es kann als sehr peinlich empfunden werden, wenn angesichts der neuen Partner die Mutter plötzlich mit Erklärungen über den Sohn oder die Tochter aufwartet. Kinderbilder sind vielleicht dann interessant, wenn ein Enkelkind da ist – dann ist die Frage, wem es ähnlich sieht, oft recht wichtig, aber vorher werden die Baby- und Kleinkind-Geschichten meist peinlich berührt abgewehrt.

Dass ein Partner, vielleicht zukünftiger Ehemann oder Ehefrau, ein Kind war, »passt« in manche Beziehung nicht hinein, vor allem nicht in die erste Zeit, wo man den anderen (und sich selbst) erst so richtig als Mann oder Frau entdeckt und sich zuerst einmal mit der eigenen Sexualität und den geschlechtsspezifischen Identitätsmerkmalen auseinander setzen muss.

Eine neue Schwiegertochter (noch viel unpassender ist dies beim Schwiegersohn) mit den Kinderbildern und kleinen süßen »Kindermund«-Anekdoten zu überfallen, ist fast nie angesagt. Damit steckt eine Mutter ziemlich grob zuerst einmal das Feld ab: Dies ist mein Kind, das ich so viel länger (und daher besser) kenne als du – so wird dies meist empfunden. Und das »Kind« wird verlegen, weil es doch gerade durch die eigenständige Wahl eines Partners / einer Partnerin beweist, dass es ganz andere und eigene Wege beschreitet, die von der Mutter nicht eingesehen werden können.

Wie im Grunde bei allen Begegnungen mit fremden Menschen kommt es im Verhältnis zu den Schwiegerkindern – von beiden Seiten – darauf an, dass man sich von Bildern freimacht. Das ist schließlich das Geheimnis jeder geglückten Kommunikation: mit möglichst geringen Vor-Einstellungen auf den anderen zugehen und sich nicht schon gleich zu Beginn auf Grund sehr oberflächlicher Eindrücke ein ganzes Arsenal von Bildern zurechtrücken und den anderen dann unter diesen Gesichtspunkten sehen. Wenn, wie im Falle eines neuen Familienmitglieds, diese Begegnung in vielerlei Hinsicht – in der Literatur und im Alltagsverständnis – bedeutsam aufgeladen ist, wird dieses Postulat besonders wichtig. Ob negative Erwartungen oder positive: Beides kann schief gehen, wenn man anstelle eines langsam sich entwickelnden Eindrucks ein fertiges Bild betrachtet, das oft mit der Realität nicht viel zu tun hat.

In unseren Kleinfamilien besteht immer die Gefahr des »Bildergebens«. Viele Familien stülpen ihren wenigen Familienmitgliedern irgendwelche vorgefassten Vorstellungen über – vor allem betrifft dies die Familien mit nur ein, zwei oder drei Kindern. Es ist manchmal, als bestünde eine Art Etikettierungszwang. Da *muss* das eine klug und das andere dafür schön sein. Das eine ist sportlich und dem anderen wird das Etikett »intellektuell« angehängt. Dem »Hausmütterchen« wird die »künstlerisch begabte Träumerin« entgegengesetzt und so werden schon Kinder auf bestimmte Rollen festgelegt. Meist besteht die darunter liegende Realität einfach aus kleinen Abweichungen innerhalb des Familienkreises. Die ältere Tochter einer mir bekannten Familie hatte eine sehr gute Auffassungsgabe für Mathematik, schrieb sehr gute Arbeiten in der Schule und war von da an die »Kluge«. Ihre jüngere Schwester, eine Linkshänderin, die mit Mühe Schreiben lernte, weil man sie damals noch zum rechtshändigen Schreiben zwang, hatte in der Schule weniger Glück. Zwar war auch sie nach anfänglichen Mühen keine schlechte Schülerin, aber ihr wurde das Etikett »praktisch begabt« angehängt. Sie hatte gerne ihrer Mutter in der Küche geholfen und die kleineren Geschwister mit versorgt. Keiner kümmerte sich um ihre Schul- und Studienergebnisse. Sie selbst wusste auch, dass sie »nur praktisch« veranlagt war, und nahm ihre guten Noten an der Universität kaum zur Kenntnis. Wie erstaunt war die ganze Familie, als die »nur praktisch Begabte« irgendwann mit einer hervorragenden Doktorarbeit aufwarten konnte und von ihrem Professor eine Assistentenstelle angeboten bekam! Sie erzählt, dass sie immer dann, wenn jemand als »intellektuell begabt« bezeichnet wurde, mit keinem Gedanken an sich selbst gedacht hatte – bis zu ihrem Erstaunen in einem Empfehlungsschreiben von einem ihrer Betreuer genau dieses Wort gebraucht wurde. Sie kam sich vor wie eine Betrügerin.

Übertragen auf die Schwiegermutter-Problemantik kann ebensolches auch passieren. Die Schwiegertochter/der Schwiegersohn wird dann in die Familiengalerie eingereiht: nicht so hübsch wie die Tochter – begabter als der Sohn ... oder: eher ein künstlerischer Typ, nicht so intellektuell wie die Tochter etc. Neid und Eifersucht tun manchmal noch ein Ihriges, um das Bild zu verzerren.

Jede Schwiegermutter sollte sich daher, bevor sie mit der »Zukünftigen« bekannt gemacht wird, innerlich vorbereiten. Die äußere Form ist dabei weniger wichtig als die innere Einstellung.

Neugierde auf den anderen Menschen, ohne dass eine Gleichstellung mit der eigenen Familie verlangt wird: Das schafft eine angenehme Atmosphäre und verspricht volles Gelingen der Beziehung zwischen Schwiegermutter und den Schwiegerkindern.

Neben dieser inneren Einstellung der offenen Neugierde ist es meist angebracht, eine Gesprächsatmosphäre zu schaffen, die dazu anregt, sich ein wenig zu öffnen. Dies gilt für beide Seiten. Behutsame Fragen nach dem familiären Hintergrund (vielleicht lebt ja noch eine Oma oder ein Opa, was zu Fragen nach deren Leben führen kann), Fragen nach Interessen, bevorzugten Tätigkeiten und – natürlich (das gilt vor allem bei den Schwiegertöchtern) nach deren Beruf. Viele junge Frauen haben schon Beachtliches geleistet, bevor sie sich endlich binden können, sie sind stolz darauf und möchten nicht, dass man sie nun als Nur-Schwiegertochter betrachtet.

Die Kunst des richtigen Fragens ist es, die auf beiden Seiten nötig ist. Wie persönlich darf es sein? Ab wann merkt man, dass der andere hier nicht tangiert werden will?

Die Bewunderung der Wohnung kann ein gutes Entree verschaffen – aber nur dann, wenn es ehrlich gemeint ist. Findet man die Wohnung eigentlich geschmacklos, dann lässt man jede Bemerkung bleiben – aber vielleicht findet man ja irgendein wirklich hübsches Stück, auf das man hinweisen kann. Ähnliches betrifft das Essen, das Tischgeschirr und andere Kleinigkeiten.

Viel wichtiger aber ist das (ehrliche) persönliche Interesse füreinander: Wer bist du? Vorsichtige Fragen nach dem Beruf, nach der Familie, nach der Art des Aufwachsens: So lernt man den anderen kennen und kann sich langsam ein eigenes Bild machen vom bisherigen Leben des anderen.

Wie gut hatte die Beziehung zwischen Schwiegermutter und Schwiegertochter begonnen, als diese – sie wusste, dass Herma vor einem Jahr ihren sehr geliebten Mann verloren hatte –, noch bevor sie sich zum Kaffeetisch setzten, sagte: »Ich würde sehr gerne ein Foto von Rainers Vater sehen, er gehört ja auch dazu, da möchte ich mir ein Bild machen von ihm ...«, was Herma zwar in Tränen ausbrechen ließ, ihr aber die Schwiegertochter sofort als eine mitfühlende und sensible Frau näher brachte.

Viele Menschen haben Hemmungen, einen anderen »auszufragen«. Ist dies ein kaltes »Abfragen«, dann kann es tatsächlich als eine recht unangenehme Prozedur angesehen werden. Das richtige Fragen aber ist etwas tief Berührendes, etwas, das dem Befragten das Gefühl gibt, er sei wichtig, seine Existenz habe Bedeutung und könne Wohlwollen erzeugen. Wir finden die Wichtigkeit des »Fragens« schon in sehr alten literarischen Überlieferungen: zum Beispiel in einer jüdischen Erzählung, wo diejenigen Söhne, die den Vater nicht nach seinem Befinden fragten, verstoßen wurden. Auch Parzival konnte erst dann zum Retter werden, als er die berühmte Frage nach Amfortas' Wunde stellte.

Die Kehrseite des Fragens ist dann aber auch die eigene Offenheit. Ohne die Bereitschaft, auch über sich selbst etwas zu erzählen, gerät das Fragen leicht zum Ausfragen. Man wird merken, wie viel an Frage und Antwort beiden Seiten möglich ist, wie viel sie gewohnt sind. Als Faustregel könnte man allerdings sagen, dass – weil in den meisten Familien zu wenig gefragt wird – ein wenig mehr Offenheit öfters gut täte, man also mit Fragen nicht allzu geizig umgehen sollte.

Fragen entspannt die Situation, erzeugt Wärme und es gibt jedem das Gefühl, er habe etwas zu sagen und dies sei wichtig.

Damit Fragen nicht zum Ausfragen degradiert wird, ist es natürlich auch nötig, diejenigen Informationen, die man bekommt, irgendwie zu würdigen. Mitfreude und Bewunderung (»Ach, das finde ich aber sehr bewundernswert, dass du schon so früh dein Diplom gemacht hast«; »Du spielst Geige in einem privaten Orchester – welch beneidenswerte Kunst« ...) sind ebenso gut dosiert anzuwenden wie Mitleid. Letzteres bedarf ganz besonderer Feinfühligkeit. Zu wissen, dass vor einigen Wochen der Vater gestorben ist, sollte bestimmt nicht unerwähnt bleiben (aus falschem Taktgefühl heraus). Man muss allerdings herausspüren, wie weit man mit seinen Fragen gehen kann. Sicher aber kann man klarmachen, dass man versteht, dass dies gerade eine schwierige Zeit ist. Man wird merken, ob weitere Fragen nach Todesursache und Schwierigkeiten nach dem Tod angebracht sind. All dies gilt übrigens für beide Seiten.

Überhaupt ist das Thema der »problematischen« Familienverhältnisse – Tod, Scheidungen, zweiter oder dritter Partner, Patchworkfamilien – mit einiger Vorsicht anzugehen. Dem Schwiegersohn, der seit seinem 8. Lebensjahr vorwiegend beim Vater aufwuchs, zu unterstellen, dass vermutlich seine Mutter ihn abgeschoben hat – diese Vorstellung entstammt meist einem veralteten Bild von Familie und wird mit ziemlicher Sicherheit dem Sohn nicht zusagen. Will man darüber Genaueres wissen, dann kann man meist, ohne dass es große Probleme gibt, fragen, wie diese eher ungewöhnliche Aufteilung erlebt wurde. Man wird an der Reaktion sehen, ob man weiterfragen kann oder nicht. Allzu viel Scheu, Persönliches zu berühren, sollte man nicht haben, wenn ein neues Familienmitglied in die Familie kommt. Takt ist natürlich oberstes Gebot. Oft aber wird Takt mit Teilnahmslosigkeit verwechselt und wird von den Schwiegerkindern (und auch den Schwiegermüttern) so interpretiert.

Einer/eine, der/die fragt, kann dies aber nicht bedenkenlos tun: Man muss sich das Recht zu fragen auch »verdienen«. Das heißt: Man muss bereit sein, auch seinerseits auf Fragen zu antworten. Das Frage-und-Antwort-Spiel muss also, mit einem Wort, *symmetrisch* gespielt werden – sonst landet man wieder beim Ausfragen. »Das war sicher eine schwere Zeit für Sie, als Ronalds Vater starb – wie haben Sie das denn schließlich bewältigt?« Diese freundliche Frage einer zukünftigen Schwiegertochter hat die Schwiegermutter so berührt, dass sie ihr sofort das »Du« anbot (was bei ihr sonst lange dauerte!) und von da an tiefes Vertrauen zu ihr hatte. Sie erzählte, dass sie von da an auch keine Hemmungen gehabt habe, der Schwiegertochter von einer gescheiterten Zweit-Ehe zu erzählen. Es sei aber auch kein Problem gewesen, diese Schwiegertochter zu fragen, warum sie so früh ihre Familie verlassen habe, um mit einer Freundin zu leben. All dies schafft Sicherheit auf beiden Seiten. Versteckspielen über die eigene Person, Schweigen über unverständliche Dinge beim anderen: Das kann man vermeiden, wenn man die Atmosphäre von Anfang an offen gestaltet.

Im Grunde gilt im Umgang zwischen Schwiegermüttern und Schwiegerkindern das, was für jede Kommunikation zwischen Menschen, die miteinander auskommen wollen, gilt: Ablegen von Vorurteilen und falschen Bildern, Neugierde auf den anderen in seiner Eigenart und die Kunst des taktvollen Fragens erlernen. Was für jede Kommunikation gilt, gilt aber für das oftmals prekäre Verhältnis zwischen »Schwiegern« in ganz besonderem Maße.

Literatur (Auswahl)

Berger, Brigitte; Berger, Peter-L.: In Verteidigung der bürgerlichen Familie, Frankfurt a. M.: Fischer 1984.

Eder, Ruth: Die Mutter meines Mannes. Schwiegermutter – Schwiegertöchter, Freiburg i. Br. u. a.: Herder 2000.

Fontane, Theodor: Frau Jenny Treibel, Frankfurt a. M.: Insel 2003.

Gall, Ruth: Problemfall Schwiegermutter, München: Goldmann 1999.

Goethe, Johann Wolfgang von: Hermann und Dorothea, Frankfurt a. M.: Insel 1976.

Gotthelf, Jeremias: Wie Anne Bäbi Jowäger haushaltet und wie es ihm mit dem Doktern geht, 2. Tle., Zürich: Diogenes 1978.

Gregory, Philippa: Die Schwiegertochter, Berlin: Aufbau 2001.

Neumann-Prystaj, Petra: Freundin – Feindin – Schwiegermutter, Roßdorf b. Darmstadt: Sachs 1996.

Psychotherapie Report: Gefährliche Schwiegermütter – Mord, Sex und andere psychische Schäden im Kampf der Schwiegersöhne und Schwiegermütter, Okt. 2000.

Richter, Horst-Eberhard: Patient Familie, Reinbek b. Hamburg: Rowohlt 1970.

Schulze, Georg: Die Erlebnisgesellschaft, Frankfurt a. M.: Campus 1990.

Wikipedia: Die böse Schwiegermutter; Die gute Schwieger mutter (Internet: Zugriff 2005).